혁신학교,

10년을 기록하다

교사와 학생이 함께 키우는 주도성

혁신학교,
10년을 기록하다

천안동성중학교 지음

혁신학교,
10년을 기록하다

천안동성중학교는 충남 성환에 위치한 사립학교입니다. 13개 학급, 전교생은 304명입니다. 이 책에는 혁신학교 10년을 운영한 천안동성중학교 선생님들의 솔직한 이야기가 담겨 있습니다.

학교 구성원의 경험을 글로 모아두는 것은 우리가 노력한 10년을 정리하는 중요한 일이라고 생각했습니다. 물론 책을 쓰기로 결정하고, 목차를 정하고, 원고를 모으는 과정이 쉽지는 않았습니다. 그래도 기꺼이 원고를 쓰겠다고 발 벗고 나서주신 선생님들이 천안동성중학교에는 이렇게 많으셔서 한 권의 책으로 엮을 수 있었습니다. 다시 한 번 선생님들께

감사한 마음을 전합니다.

천안동성중학교 선생님들은 민주적 협의 문화를 만들기 위해 열띤 토론을 했고, 전문적 학습 공동체를 운영하기 위해 책을 읽고, 늦게까지 수업을 연구했습니다. 학생들의 배움 중심 수업을 위해 애를 쓰며, 학생 자치를 돕고, 마을과 함께하는 교육과정을 만들기 위해 노력했습니다. 지난 10년의 일을 책 한 권에 모두 담지 못할 정도로 정말 열심히 많은 일을 했습니다. 교사들의 노력이 없었다면 혁신학교 운영은 매우 힘들었을 것입니다.

우리는 가끔 물과 공기의 소중함을 잊기도 합니다. 하지만 물과 공기가 없다면 생존할 수 없습니다. 혁신학교 운영도 마찬가지입니다. 교사들의 물, 공기 같은 노력이 없다면 지금의 천안동성중학교는 다른 모습을 하고 있을 것이라고 생각합니다. 교사는 혁신학교 운영을 위해 많이 힘들었지만, 천안동성중학교에서 배우고 성장한 학생들은 행복했을 것입니다. 그 모습을 보며 교사들은 보람을 느끼고, 묵묵히 공교육 본보기 학교를 만들기 위해 애를 쓰고 있습니다.

올해를 끝으로 천안동성중학교는 혁신학교를 졸업합니다. 졸업은 새로운 시작입니다. 우리 학교는 생태 전환 교육과정을 중심으로 혁신미래학교 운영을 2년간 지속하고, IB 관심 학교로 새로운 도전을 이어갑니다. 미래를 살아갈 학생들에게 도움이 되는 교육과정이 무엇인지 우리 교육공동체는 고민을 계속했습니다. 학생들의 삶과 연결한 의미 있는 수업을 통해 미래 역량을 키울 방법을 찾아 계속 나아가려고 합니다.

그 길 곳곳에 방해물이 있을지도 모릅니다. 하지만 천안 동성중학교 교육공동체는 10년 혁신학교 운영의 경험과 지혜를 모아 그 길을 가려고 합니다. 오늘도 치열한 학교 현장에서 노력하는 교사들의 이야기를 읽고, 공감해주시기 바랍니다. 이 책이 우리의 지난 노력을 돌아보고, 새로운 교육의 길을 떠나는 마음에 동력이 되길 바랍니다.

2024년 10월

천안동성중학교 집필진을 대표하여

박은진

차 례

다양성이 존중되는
행복한 학교가 존재하나요?

▼

권경숙 천안동성중학교 기술·가정교사

혁신학교 지정 전부터 우리는 많은 교육 활동을 통해 지역에서 좋은 평판을 받으며 변화와 성장을 위해 최선의 노력을 아끼지 않았습니다. 모두의 다양한 노력 덕분에 우리는 탄탄히 변화와 성장을 바탕으로 (천안시의 외곽에 있는 성환읍에 위치했지만) 충남 지역에서는 그래도 혁신학교로서의 학교 위상과 인지도가 지속적으로 올라가고 있습니다. 학생과 모든 교사는 함께 열심을 다해 모두가 행복해지고자 노력했기에 '함께'라는 동성 공동체로 과거에도 그리고 지금도 학교 안에서 의미 있는 노고를 이어가고 있습니다.

학생들의 실력을 키우고 사교육비 부담을 줄이기 위해 겨울방학, 여름방학을 반납하며 강의식 문제풀이 수업에 치중하지 않고, 학생 중심의 수준 높은 캠프를 운영했습니다. 때로는 입학 전 예비 신입생을 대상으로 수학과 영어 캠프를 운영하고, 창의경영학교 운영, 대한민국 좋은 학교 박람회 참여 등 다양한 교육 프로그램으로 학생·학부모의 신뢰와 지역에서의 인지도를 높여갔습니다. 그러한 과정에서 많은 교사에게 동료성과 함께 교사로서의 역량이 쌓인 것은 우리에게 남은 큰 득이었습니다.

모두의 헌신적인 노력은 교사의 자긍심과 학교의 위상을 올려놓았습니다. 하지만 분명 학교와 교사는 지쳐가고 있었고, 지속성을 담보하기에는 무리임을 구성원 모두가 느끼고 있었습니다. 그러한 시점에 혁신학교 지정은 학교의 모든 교육과정과 상황을 성찰하고 다시금 정비하는 데 큰 기준이 되었습니다.

모든 활동과 교육과정이 교육적으로 의미가 있고 값진 결과를 낸다고 하더라도 그것이 지속되려면 우리는 함께 고민하며 깊은 성찰을 통해 방향을 잡아야 했습니다. 그러한 과

정에서 혁신학교의 신청과 지정은 새로운 변화와 도전의 의미 이상으로 우리가 나아가야 할 방향과 범위를 제시하는 전환점이 되었습니다. 모든 교사의 출발점과 태도는 달랐지만 천천히 각자의 속도로 무리하지 않고 시작했던 것은 지금도 감사한 마음이 듭니다.

각양각색의 학생과 교사가 자기의 색깔로 빛날 수 있게 생각을 키우고 성장하도록 돕는 이상적인 학교의 모습은 어떤 것일까요? 우리가 내린 결론은 개인의 내면에서 우러나오는 자발성을 기반으로 했을 때 모두가 행복한 학교가 가능하다는 것입니다. 이는 긴 시간 열정을 불태우고 최선의 노력을 기울이는 과정에서 깨달았습니다.

모든 공교육이 아주 오래전부터 해오던 다양한 교육과 정에다 시대별, 지역별 특성에 따라 특색 있는 교육과정이 더해져 모든 것이 함께 구현되고 발현되어야 하는 학교. 그럼에도 구성원의 다양성과 다름이 진정성 있게 존중되고 존재해야 하며 어울림으로 완전체를 이뤄야 하는 공동체인 학교. 자칫 방향성을 잃고 우왕좌왕하며 과거의 학교 모습을 그대로 답습할 가능성이 높은 것이 사실입니다.

학생회, 동아리, 학생 중심의 다양한 교육과정 운영(체육대회, 축제), 음악 교과와 연계된 '누구나 음악회', 쉼과 어울림의 공간 구성, 가정방문을 통한 깊이 있는 학생 이해, 학생의 성장 기록인 졸업 앨범 등 모든 교육과정 안에서 기존에 운영해오던 방식과 문화를 조금씩 고민해보며 서로 이야기하고 의견을 존중하고 조율해가며 학교 분위기를 만들어 갔습니다.

학생들의 수학여행을 대체해 학년 중심으로 학생과 교사가 함께 의미 있는 캠프를 구상했으며, 학생들이 지역 사회를 탐방하고 스스로 문제 제기를 하면서 삶의 터전인 지역을 이해하는 프로그램 등을 체험하며 다양한 방면으로 성장하는 기회를 가졌습니다. 그러한 과정에서 학생은 학교와 교육과정에, 교사는 학생들에게 서로 감동하며 서로에 대한 신뢰가 쌓이고 지속가능한 가능성을 엿보며 많이 흥분하고 기뻐하기도 했습니다.

해마다 '누구나 음악회'라는 이름으로 학생들의 다양한 발표 무대가 펼쳐집니다. 배꽃이 핀 배 과수원을 배경으로 한 운동장 옆 소나무 동산 앞에서 작은 무대를 설치하고 봄을 느끼며 모두가 즐기는 음악회가 열립니다. 음악 선생님과 공연 준비반 동아리 학생들의 기획과 수고로 음악 수행평가에서 이루어진 다양한 내용과 음악에 열정이 있는 학생들의 자발적인 참여로 구성됩니다.

누구나 음악회는 실력이 뛰어나고 우수한 학생들만이 아닌 다양한 수준의 다양한 내용으로 이루어집니다. 음악적 열정을 보여주는 학생, 공연을 기획하고 준비하며 모두가 즐기는 행사를 치러낸 뿌듯함을 경험한 학생, 화려하고 큰 무대는 아니지만 열심과 정성을 다하는 친구들을 보며 진심으로 응원하고 관람하는 학생, 나도 뭔가를 하고 싶다는 동기가 생긴 학생.

　　교사들은 학생들의 다양한 가능성과 감동으로 함께 만드는 교육과정 안에서 모두가 성장하며 행복한 학교라는 믿음을 다잡는 봄날의 행복한 점심시간을 선물 받습니다. 학생들은 3년의 학교 교육과정 안에서 학업 성적만으로 평가받고 비교당하는 것이 아닌 다양한 능력과 각자의 색깔로 빛나고 행복한 경험을 통해 성장하며 동성중학교에 많은 흔적을 남깁니다.

　　안전하다고 느끼는 학교 안에서 완벽하지 않더라도 열심을 다하며 자신이 좋아하고 하고 싶은 것을 찾으면서 다른 학생들과 함께 모여 조금씩 성장하는 다양한 동아리 활동을 통해 학생들은 지속적으로 행복한 학교생활을 해나갑니다. 학생들에게만 꿈꾸기를 요구하는 것이 아니라 동성 공동체 안에서 교사도, 학부모도 함께 꿈꾸는 학교, 모두가 꿈꾸며 행복한 학교로 나아가고 있고 앞으로도 지속되기를 희망합니다.

좋은 학교에서
위대한 학교로!

▼

한현미 천안동성중학교 도덕교사

지금도 힘든데 혁신학교까지
왜 해야 하나요?

10년 전 우리 학교는 정규 교육과정뿐만 아니라 방과 후 시간, 심지어 저녁시간까지 아이들과 함께 교육 활동을 하는 학교였습니다. 각종 공모사업으로 예산을 따오고, 그 예산을 바탕으로 방과 후 저녁 시간까지 교육 활동을 펼쳤습니다. 문제는 교사가 방과 후 활동까지 투입되다 보니 한계를 느끼고 오히려 정규 교육과정 운영에 영향을 미치는 것이었습니다.

교사의 자발성이 결여된 것, 아이들 성장에 꼭 필요한 것이 아닌 것, 교사가 하지 않아도 될 것 같은 사업도 있었습니다. 하지만 예산을 사용해야 하니 어쩔 수 없이 활동을 진행하기도 했습니다.

이렇게 교사는 지쳐가고, 학교는 부정의 기운이 맴돌아서 출근할 때 교문을 보면 차를 돌려 멀리 떠나고 싶은 욕구가 강하게 들 때도 있었습니다. 학교가 버거웠습니다. 수업도 힘들었습니다. 어떤 돌파구를 찾고 싶었습니다. 그때 '혁신학교'에 대해 처음 알게 되었습니다. 이미 타 시·도에서는 혁신학교가 진행되고 있었습니다. 혁신학교라는 말을 듣는 순간에는 '지금도 버거운데 또 무엇을 하라는 것인가?'라는 생각이 가장 먼저 스쳤습니다. 다른 선생님들도 혁신학교가 추가되는 것을 두고 불만의 목소리가 터져 나왔습니다.

그래도 궁금했습니다. 혁신학교와 관련된 내용을 검색해보고, 책도 읽어보았습니다. 가장 답답했던 수업 관련 책도 다양하게 찾아 읽어보았습니다. 그러면서 그동안 제가 가지고 있던 학교에 대한 생각, 수업에 대한 생각, 아이들에 대한 생각이 점점 바뀌기 시작했습니다.

혁신학교에 대해 공부하면서 점점 더 그 철학에 푹 빠지게 되었습니다. 대체로 '혁신학교'라는 말을 처음 들으면 '무엇을 확 갈아엎어야 하나?'라고 생각합니다. 하지만 혁신학교에 대해 공부하다 보면 진정한 혁신학교는 '교육의 본질로 돌아가는 것, 아이들을 선생님에게 돌려주는 것'이라는 사실을 깨달을 수 있습니다.

교육자들 사이에서는 '우리가 진정 교육의 본질을 추구하는가?' 하는 고민이 있었습니다. 보여주기 식 수업 공개, 보여주기 행정으로 우리는 각종 문서의 노예가 되어가고 있었습니다. 각종 공문과 외향을 추구하는 행사들은 선생님이 아이들과 함께할 시간을 송두리 채 빼앗아갔습니다. 선생님은 아이들과 함께할 때 진정 즐거움과 뿌듯함을 느낍니다.

혁신학교는 선생님을 아이들에게 돌려준다고 합니다. 갑자기 마음이 설레고, 가슴 한구석에 응어리졌던 그 무엇이 풀리는 느낌이 들었고, 혁신학교가 무척 하고 싶어졌습니다. 혁신학교는 철학을 갖고 방향을 설정하고 그 문화를 바꾸는 과정입니다. 다시 말해 교육의 본질을 추구하는 과정입니다.

교육의 본질, 즉 교육의 핵심은 교육과정, 수업, 평가, 학급 및 상담 활동 등을 통해 아이들의 성장을 돕는 것입니다.

'우리가 학교에서 아이들의 성장과 관계없는 일들을 얼마나 많이 하는가?' 하는 생각이 들었습니다. 아이들의 성장과 상관없는 것, 제거해야 할 것이 무엇인지 함께 논의하면서 서서히 뺄 것은 빼고, 더할 것은 더하는 것이 중요합니다. 혁신학교를 위해서는 안 해도 되는 업무는 과감히 쳐내는 작업이 앞서야 합니다.

어떤 것에 대한 느낌이나 생각은 사람마다 다 다릅니다. 많은 선생님이 혁신학교를 교육청의 또 다른 행정사업으로 인식했고 교육의 본질과 먼 또 다른 업무가 추가되는 것으로 여겨 이에 대한 강한 거부감을 드러냈습니다. 우리는 교사와 학생의 자율성과 주도성을 기르고, 민주적인 방법으로 학교가 운영되는 혁신학교에 대한 철학을 공유하고 이해의 정도를 조금씩 확장시켜 나갔습니다.

혁신학교의 핵심 철학은 무엇일까요? 서로의 존엄을 존중하는 민주성, 스스로 알아서 하는 자발성, 지역과 함께하는 지역성, 그리고 공공의 교육을 담아내는 공공성이라 할 수 있습니다. 이러한 철학을 담아내기 위해 혁신학교에는 민주적인 협의 문화, 마을교육공동체, 배움 중심 수업, 관계 중심 생활교육 등 추구하는 여러 가지 영역이 있습니다.

가장 열정을 갖고 바꾸고 싶은 영역은 수업이었습니다. 선생님이 잘 가르치면 아이들은 잘 배울 수 있을까요? 그동안 선생님들은 '어떻게 잘 가르칠 수 있을까?'에 초점을 맞추었습니다. 이와 달리 혁신학교에서 추구하는 수업의 방향은 '어떻게 하면 아이들이 잘 배울 수 있게 할까'입니다.

수업을 바꾸고 싶었습니다. 수업 시간에 행복한 교사가 되고 싶었습니다. 수업 관련 책을 읽고, 그 책의 저자를 초대하면서 수업 혁신의 방향을 잡을 수 있었습니다. 부정적인 의견도 약간 있었지만 우리는 긴 협의 끝에 10년 전 수업 혁신을 중심으로 다양한 영역에서 아주 조금씩 학교 혁신을 시작했습니다.

'혁신'이라는 두려움을 어루만지며, 마음을 내려놓다

10년 전 혁신학교로 선정되고, 제가 혁신학교 업무 담당자로 정해졌습니다. 저는 잠이 오지 않았습니다. 그 해 겨울방학은 혁신학교에 대한 두려움 속에서 살았습니다. 혁신학교는 방향과 철학만 제시될 뿐 방법은 학교마다 교사마다 다릅니다. 혁신학교를 '왜 해야 하는지'에 대한 고민이 어느 정도 정리되니 이제는 '어떻게 해야 하는지'에 대한 걱정이 쏟아졌습니다. 민주적인 협의 문화를 만들기 위한 방법은 무엇이고, 지역사회와 함께 교육과정을 어떻게 이끌며, 수업은 어떻게 바꾸어야 할지 걱정이 눈덩이처럼 커졌습니다.

그 순간 '내려놓음의 미학'이라는 단어가 떠올랐습니다. 지금 아무리 걱정해도 소용없습니다. '한꺼번에 너무 많은 것을 하려 하지 말자'고 생각하니 조금은 마음이 편해졌습니다. 먼저 선생님들과 우선순위를 협의했습니다. 가장 우선순위를 '수업 혁신'으로 정했습니다. 수업부터 조금씩 바꾸어보기로 했습니다.

선생님들은 민주적인 학교 문화의 중요성도 공감했습니다. 민주주의에서 핵심은 무엇일까요? 아이들한테 "민주주의가 무엇이니?"라고 물어보면 "다수결의 원칙이요"라는 대답을 듣곤 합니다. 하지만 다수결의 원칙은 소수가 소외되는 구조입니다. 진정한 민주주의가 아닙니다.

민주주의의 핵심은 상대방에 대한 존중과 다양성의 인정이라고 할 수 있습니다. 교무실이 민주적이어야 교실이 민주적일 수 있습니다. 교사부터 민주적인 경험을 해야 아이들을 민주적으로 대하고 교실도 민주적으로 이끌 수 있습니다. 민주적인 협의 문화를 위해서는 교사가 편안하게 자신의 의견을 자발적으로 이야기할 수 있는 분위기가 중요합니다.

　　그러나 수십 년간 모범적으로 윗사람의 말에 순종하면서 살아온 교사들은 전체 교사가 모였을 때 자신의 의견을 그리 적극적으로 이야기하지 않습니다. 그냥 정해준 대로 하는 것이 더 편한데 굳이 협의할 필요가 있느냐고 말하는 선생님도 있습니다. 교무회의는 늘 발언하는 사람만 합니다. 그냥 업무 전달만 하면 끝입니다.

　　회의 시간은 진정으로 개개인의 생각을 맘껏 펼칠 수 있어야 합니다. 그래서 우리는 서클로 돌아가면서 의견을 듣는 시간을 가졌습니다. 선생님마다 생각과 의견이 다 있습니다. 평소에는 굳이 의견을 말할 필요성을 못 느껴 그냥 듣고만 있는 것입니다. 자신의 차례가 되었을 때 모든 교사는 풍부하게 의견을 제시합니다. 다양한 의견이 나오고, 그 의견 속에서 최선의 의견을 선택할 수 있습니다.

　　조금 시간이 걸리지만 한 사람의 결정과 판단보다 여러 사람의 의견을 모아 결정한 것이 더욱더 좋은 결과가 나왔습니다. 스스로 미처 생각하지 못했던 것을 다른 사람이 이야기해줍니다. 어떤 의사결정을 할 때 지금은 혼자 하는 것이 아니라 여러 선생님의 의견을 듣는 것이 자연스런 문화로 자리 잡았습니다.

10년이 지난 지금 혁신학교라는 단어는 점점 사라지고 있습니다. 정치적인 논리에 따라 다른 단어로 변경되기도 합니다. 그러나 가만히 들여다보면 혁신학교든 아니든 간에 서로 추구하는 방향, 본질은 같습니다. 진영 논리에 따라 흔들리는 교육정책이 참으로 안타깝습니다.

그래도 우리 선생님들은 흔들리지 않고 교육의 본질을 추구하는 방향으로 조금씩 나아가고 있습니다. 그동안 혁신학교를 통해 많은 성장과 변화를 이루었기에 다시 도약하는 마음으로 혁신학교를 넘어설 수 있는 구체적인 방법을 고민했습니다. 혁신학교는 구체적인 방법을 제시하지 않습니다. 그래도 우리 선생님들은 어느 정도 수업을 바꾸어 놓았습니다. 아이들이 스스로 생각하고, 자유롭게 이야기할 수 있는 수업으로 진행하고 있습니다.

그럼에도 평가에는 한계가 있습니다. 10년 전 평가와 그리 다르지 않습니다. 수업뿐만 아니라 평가 방법을 구체적으로 배우고, 평가를 바꿀 수 있는 것이 무엇일까 고민하다가 우리는 IB 프로그램을 선택했습니다. 지금은 '충남형 IB 관심 학교'로 조금씩 공부하면서 IB 프로그램을 준비하고 있습니다. IB 프로그램은 아이들의 사고력을 키워주고 주도성과 자발성을 발휘하면서 삶을 이끌어가는 사람으로 키우는 데 도움이 될 것입니다.

지금 우리 학교는 충분히 좋은 학교입니다. 교사가 공부를 통해 꾸준히 성장하면 이는 아이들의 성장으로 이어지고, 나아가 학교의 성장으로 이어집니다. 학생은 우리 학교에 다니는 것만으로도, 교사는 우리 학교에 근무하는 것만으로도 평화롭고 행복한 삶이 펼쳐질 것입니다. 좋은 학교를 넘어 위대한 학교가 될 수 있을 것입니다.

교사의 독서로 혁신학교의 방향과 방법을 찾다

사람은 자기가 보고 싶은 것만 보고, 듣고 싶은 것만 듣습니다. 읽기도 마찬가지입니다. 이미 형성된 의식의 틀 속에서 책을 보려는 경향이 있습니다. 제목과 목차만 쭉 훑어본 후 '다 아는 이야기인데 무엇 하러 읽지?'라고 생각한다든지, 자기계발서를 보면서 '뻔한 것 아니야? 나도 다 알고 있어!'라고 생각한다든지, 또 책을 다 읽은 후에 배울 점을 찾지 못하고 자신의 입장에서 비판을 가하기도 합니다. 이럴 경우 독서를 통한 성장을 기대하기는 힘듭니다.

책을 읽고 비판을 하는 것은 좋습니다. 하지만 저자가 이야기하려는 핵심 내용을 제대로 파악하지도 않고, 자기 마음대로 비난하는 것은 인생에 도움이 되지 않습니다. 최소한 저자가 이야기하고 싶은 것은 무엇인지 파악을 해야 합니다. 그러기 위해서는 저자와의 대화가 필요합니다.

저자와의 대화라는 것은 저자의 삶뿐만 아니라, 그 책의 내용과 대화를 하는 것입니다. '이 글의 주인공은 왜 이렇게 행동했을까?', '등장인물의 행동이 변한 계기는 무엇인가?', '그러면 나는 어떻게 살아야 하는가?' 끊임없는 대화를 통해 자신의 삶을 성찰하고 변화시키면 성장하는 계기가 됩니다. 자신의 삶은 조금씩 깊어지고, 그윽한 향기가 나게 됩니다. 나의 존재 자체로 주변이 행복해질 수 있는 것입니다. 그것이 사람의 향기입니다. 저자와 끊임없는 대화의 과정에서 좋은 사람 내음을 풍길 수 있는 힘을 얻을 수 있습니다.

저자가 어떤 마음으로 이 글을 썼는지, 이 책을 통해 전하려는 주제는 무엇인지 저자의 입장에서 생각해보면 새로운 점을 깨달을 수 있습니다. 핵심 내용을 파악하기 위해서는 목차를 먼저 훑어봅니다. 목차들은 핵심을 한 문장으로 표현한 것입니다. 그 목차를 보면서 내용을 미리 상상해봅니다. 목차는 저자의 생각이 응축된 것입니다. 그리고 책날개도 꼼꼼히 읽어봅니다.

본격적으로 책을 읽기 시작할 때는 항상 저자와 이야기를 나눈다는 마음으로, 핵심 단어를 찾아 기록해보기를 권장합니다. 핵심을 꿰뚫는 단어들을 찾아보는 것입니다. 그리고 그 단어를 바탕으로 저자가 말하고자 하는 것을 자신의 언어로 다시 기록합니다. 마지막 책장을 덮을 때, 내 기억도 함께 덮어지는 듯 아무것도 생각나지 않습니다. 그러나 표시했던 핵심 단어를 기록하고, 그것을 바탕으로 내 생각을 정리하는 순간 가물가물했던 내 의식들이 살아나서 확실한 실체가 됩니다.

자신의 가치관과 저자의 가치관이 달라 이해하기 힘든 부분도 있습니다. 그럴 때도 그냥 평가절하 하지 말고 왜 이런 생각을 갖게 되었는지, 이런 생각들은 사회에 어떤 영향을 미치는지를 생각해본다면 의식은 서서히 한계에서 벗어나

말랑말랑해질 것입니다. 말랑하다는 것은 어떤 형태로든 변화, 성장의 가능성이 무한하다는 뜻입니다. 마음이 열려 있는 것입니다. 이럴 때는 어떤 책을 읽어도 온 몸으로 흡수해 내 것으로 만들어집니다. 내 삶으로 끌고 들어와 행동으로 옮겨지는 것입니다. 이것이 실천입니다. 읽기의 결과는 실천인 것입니다.

책을 한 번 읽는 것으로는 잘 이해하기도 어렵고 기억하기도 어렵습니다. 그렇게 되면 이것이 실천으로 이어지기가 힘듭니다. 이해하기 힘든 것은 내 의식 수준이 아직 미약하기 때문이기도 하고, 내 사고의 틀에 갇혀서 책을 의식하기 때문이기도 합니다. 책을 반복해서 읽어보길 권유합니다. 두 번, 세 번 반복할수록 점점 더 많은 부분을 이해하게 되고, 더 많은 부분을 기억하게 됩니다. 또 처음에는 보이지 않던 좋은 글들이 보이기 시작합니다.

손우정의 『배움의 공동체』를 다섯 번 읽었습니다. 내용을 알기 위해 읽고, 좀 더 깊이 이해하기 위해 읽고, 수업에 적용하기 위해 읽고, 나중에는 적용한 것을 바탕으로 수업 나눔을 하기 위해 읽었습니다. 같은 책을 여러 번 읽으면 이해하게 되고, 체득하게 되고, 삶에 적용하게 되고, 남과 나눌 수 있게 됩니다. 저자와 대화하면서 여러 번 읽다 보면 나에게 의미 있고 가치 있는 책이 됩니다. 오롯이 나에게 내면화되어 실천으로 이어지게 됩니다.

70년 정도를 사는 왕 중의 왕 송골매는 40년 정도 살면 털이 너무 자라서 날기 힘들어지고 발톱도 뭉툭해집니다. 송골매의 삶이 위태로워지는 것입니다. 송골매는 다음 30년을 위해 산 정상으로 올라가 자기의 털을 스스로 뽑아내고, 부리를 바위에 부딪혀 부러뜨려 뽑아버립니다. 이런 엄청난 고통을 감수하며 다시 30년을 멋지게 날아오릅니다. 40년간 사용한 뼈를 갈아 끼우고(환골換骨) 태를 벗기어(탈태奪胎) 새롭게 태어나는 것입니다. 사람을 환골탈태하게 해주는 것은 무엇일까요? 그것은 바로 독서입니다. 수십 년간 굳어진 의식의 프레임을 깰 수 있는 것은 독서밖에 없습니다.

학교 혁신의 방향은 잡았지만 구체적인 방법은 막연했습니다. 그때 구체적인 방법을 제시해준 것이 책이었습니다. 우리 학교 선생님들은 수업 혁신을 위해 수업 관련 책을 읽고 그 저자를 초대했습니다. 또 회복적 생활교육을 실천하기 위해 관련 책을 읽고, 원격 연수를 듣기도 하고, 저자를 초대해서 함께 배웠습니다.

함께 읽고, 함께 실천하는 전문적 학습공동체 〈산책-살아 있는 책 읽기, 함께 걷는 수업 성찰〉은 2013년 시작하여 지금까지 12년의 세월 동안 꾸준히 이어지고 있습니다. 꾸준함이 중요합니다. 이 '꾸준함의 힘'으로 혁신학교, 좋은 학교를 넘어 위대한 학교로 나아갈 수 있을 것입니다.

생태마당에서 자라나는
생태 감수성

▼

한현미 천안동성중학교 도덕교사

우리 학교는 좋은 학교입니다. 좋은 학교를 넘어 위대한 학교로 나아가려 합니다. 위대한 학교란 학교의 외면이 크고 장대한 것이 아니라 교사와 학생이 덜 힘들이고도 더 성장하는 학교, 덜 힘들이고도 더 행복한 학교라 말하고 싶습니다. 즉 학교에서 생활하는 것만으로도 자연스럽게 성장하고 행복한 학교가 위대한 학교 아닐까 생각합니다.

혁신학교를 너머 위대한 학교로 가기 위해 가장 중요한 것은 무엇일까요? 우리는 '생태'와 '독서'라는 두 가지 핵심 단어를 선택했습니다. 충남도교육청에서 추진하는 혁신미래 학교에 응모할 때도 우리는 주제를 '기후 위기, 지속가능한 삶을 위한 생태 전환 교육'으로 잡았습니다. 지금은 지구 온난화를 넘어 지구 위기로 지구가 펄펄 끓고 있습니다.

싹이 나고, 잎이 트고, 꽃이 피고, 열매가 맺고, 벌과 나비가 날아다니고, 맑은 계곡물이 흐르고, 새가 날아다니고, 야생 동물이 뛰어노는 생태계 속에서 자연의 장엄함과 경이로움을 느끼는 세대가 우리가 마지막이면 어떡하나 하는 걱정이 듭니다. 이 위대한 자연은 후손들의 것입니다. 우리는 후손들에게 잠깐 빌려 쓰는 것입니다. 그러나 인간의 욕망은 지금 이 순간도 온갖 자연을 파헤치고 망가뜨리고 있습니다. 자연에 해가 되는 유일한 동물이 인간입니다.

코로나19 초기 인간의 활동이 잠시 멈췄을 때 공기는 깨끗했고, 동물들은 자유로웠으며 자연은 아름답게 되살아났습니다. 그것은 잠시뿐, 지금 이 시간도 황사와 미세먼지 속에서 뿌연 하늘을 올려다볼 수밖에 없습니다.

아이들에게 이 생태계를 살릴 수 있는 힘을 길러주고 싶습니다. 아이들이 필통 하나, 연필 한 자루를 구매해 사용할 때도 나의 소비가 지구 환경을 어떻게 오염을 시키고 생태계

생태마당 조성 전 모습　　　　생태마당 모습

를 파괴하는지를 인식하기를 바랍니다. 물건을 소비하면서 지구에 조금은 미안한 마음을 가질 수 있는 아이로 키우고 싶습니다.

　이러한 생각을 가진 아이는 삶 속에서 생태계를 보존하려는 노력을 자연스럽게 할 것입니다. 교육은 삶과 연결되어야 합니다. 시험을 위한 단순 암기식 공부가 아이들의 성공에 도움이 될까요? 과연 어떤 것이 아이들의 행복에 도움이 될까요? 생태계의 위대함을 좀 더 친근하게 느낄 수 있도록 생태 학습장을 만들었습니다. 생태학습장을 만들기 위해 계획서를 쓰고, 충남도교육청 사업선택제에 응모해 1000만 원을 지원받았습니다.

생태 학습장을 어떻게 디자인해야 할까요? 그냥 막연히 여러 가지 식물을 심어놓는 것보다 봤을 때 '참 아름답다'라는 감탄이 나올 수 있도록 설계해야 합니다. 생태 학습장을 만드는 데 가장 중요한 것은 아름다움을 느낄 수 있는 곳, 그리고 생태학습 활동이 생태계를 오염시키지 않는 것입니다.

우리 학교는 그동안 텃밭 활동을 위해 고랑을 내고 풀과의 전쟁에서 어쩔 수 없이 까만 비닐을 씌웠습니다. 한 해가 가면 씌웠던 비닐은 찢어져서 펄럭이며 나뒹굽니다. 이 모습을 보고 있노라면 마음이 아픕니다. 환경을 위해 텃밭 활동을 하는데 그 결과로 환경을 오염시킨다면 참다운 교육이라 하기 어렵습니다.

우리는 비닐을 씌우지 않기로 결정했습니다. 우리가 가꿀 수 있는 공간의 넓이만큼을 정해 나머지는 잡석으로 깔고, 아이들이 생태 학습장 사이를 거닐 수 있는 공간으로 만들었습니다. 또한 중간에 벤치를 두어 거닐다가 앉아서 예쁜 꽃이 피어나는 과정을 느낄 수 있도록 했습니다.

우선 함께 꽃을 심고 가꿀 아이들을 모집해 자율동아리 활동을 시작했습니다. 생태 학습장 이름은 '생태마당'으로, 생태 동아리 이름은 '초록숲지기'로 정했습니다. 다음으로

생태마당 정비 후 들꽃 모종 준비

생태 학습장 바닥을 정비하고, 넝쿨식물을 심을 아치도 만들었습니다. 아이들은 언제 심을지, 무엇을 심을지 기대에 부풀어 있었습니다.

들꽃 중심으로 심고, 주변에는 야채를 심기로 했습니다. 막상 들꽃을 심어야 하는데 잘 알지 못해 아이들과 함께 들꽃에 대해 배우기로 했습니다. 우선 들꽃 정원을 아름답게 가꾼 카페 사장님께 많은 정보를 얻었습니다. 사장님은 손글씨로 각 달마다 피는 꽃을 정리해 두셨습니다.

카페 사장님의 정보를 바탕으로 심을 꽃들을 계절별로 정하고, 모종을 준비해 아이들과 함께 심었습니다. 햇빛을 가릴 밀짚모자를 쓴 채 장갑을 끼고 활동하는 모습은 제법 의젓합니다. 뜨거운 뙤약볕 아래에서도 아이들은 모종을 심고 물을 주면서 신나했습니다. 꽃을 심은 뒤에 관리하지 않으면 풀을 이겨낼 수 없습니다. 늘 풀을 뽑고 물을 주도록 영역별로 초록숲지기 이름표를 꽂아주었습니다.

'어떤 꽃을 심을 것인가?' 고민 끝에 아이들이 평소에 잘 접할 수 없는 꽃을 심기로 했습니다. 아이들은 바나나는

모종 심는 아이들

알지만 으름은 잘 모릅니다. 포도는 알지만 머루는 잘 모릅니다. 그래서 넝쿨식물로 머루, 으름, 다래, 능소화 등을 심었습니다. 식물 이름표도 붙여놓았습니다. 머루나 다래 넝쿨을 처음 보는 선생님이 많고 아이들은 아예 모릅니다.

　　아이들은 서늘한 아침시간이나 방과 후에 물을 주고 풀을 뽑습니다. 뜨거운 점심시간에도 풀을 뽑는 아이도 있습니다. 작년 가을에는 추근으로 히아신스, 튤립, 수선화 등을 아이들과 함께 심었습니다. 새 학년이 되고 3월 초에 생태마당에서 동아리 아이들과 마주쳤습니다.

히아신스와 수선화 구근을 심는 아이들

"여기서 뭐하고 있었니?"

"작년에 심어놓은 꽃의 싹이 나왔나 보려고요."

"여기 히아신스 싹이 아주 작게 나와 있네. 조금만 있으면 꽃이 필거야."

"우와, 진짜 싹이 났네요."

추운 겨울을 견디고 싹이 올라온 모습을 보면서 아이들은 신기해하면서 감탄했습니다. 꽃이 피면 아이들 마음속에서도 뿌듯함의 꽃이 필 것입니다. 여린 생명이 올라오는 것을 보고 감탄해본 경험이 있는 아이들은 생명을 소중히 여기며 살 것이라 확신합니다.

올해 입학생 중 한 아이가 말했습니다.

"우리 학교가 참 좋아요."

"왜 좋은데?"

"여기가 있어서 좋아요. 참 예뻐요."

여기는 바로 그 생태마당입니다. 아직 싹도 제대로 나오지 않고 벤치와 아치만 있는 그곳 자체가 아름답다고 느끼는 그 아이 마음이 더 아름다워 보입니다.

초록숲지기 아이들과 생태마당 가장자리 풀을 뽑아내고, 그 자리에 15종 들꽃 씨를 한 명이 한 줄씩 뿌렸습니다.

날마다 물을 줘서 땅이 촉촉해야 싹이 움틀 수 있다고 알려주니 아이들은 등교하자마자 날마다 물을 줍니다. 어느 날 푸른 기운을 살짝 느낄 수 있는 실낱같은 싹이 움트기 시작했고, 잎이 나고 꽃대가 자라서 화려한 꽃을 피워냈습니다.

아이들은 처음 올라오는 꽃씨 새싹과 풀 새싹을 구별하기 어려워합니다. 꽃씨 새싹이 올라올 때 풀만 조심히 제거해줘야 새싹이 잘 큽니다. 아들에게 대표적인 풀을 알려주고, "이렇게 생긴 풀만 뽑으면 돼"라고 말해주었습니다. 풀을 뽑아내는 손길이 분주합니다. 어느새 우리는 풀을 모두 뽑아냈

풀을 뽑는 아이들

생태 환경수업을 하는 아이들

습니다.

풀은 나고, 나고, 또 나옵니다. 뽑고, 뽑고, 또 뽑아도 어쩔 수 없는 게 풀입니다. '풀꽃도 꽃이다'라는 말로 우리는 서로의 마음을 보듬으며 풀 사이에서 화려하게 피어나는 꽃들을 바라봅니다. 그냥 생태마당을 바라보는 것만으로도 마음이 풍요로워집니다.

이른 봄 눈밭에서 맨 처음 노란 복수초가 올라왔습니다. 그 다음에 향프록스, 히아신스, 수선화, 튤립이 차례대로 피어났습니다. 샤스타데이지가 올라오고, 노란빛과 분홍빛의 낮달맞이꽃이 생태마당을 가득 메웁니다. 계란 모양을 하고 봄부터 피었던 샤스타데이지 꽃대를 잘라줍니다. 달맞이꽃과 샤스타데이지가 물러난 자리를 백합, 나비바늘꽃, 에키네시아, 리아트리스, 수레국화, 추명국, 봉숭아, 금불초, 기생초, 노란코스모스, 꽃범의꼬리가 채웠습니다. 풀을 뽑고 시든 꽃대를 자르는 것, 그 자체가 저에게는 또 하나의 명상입니다.

초록숲지기 동아리 아이들이 더위에 땀을 뻘뻘 흘리면서 가꾼 생태마당에서 자유학기 가드닝 수업, 숲놀이 수업, 생태환경 수업 등 다양한 교육 활동이 자연스럽게 진행되고 있습니다.

이곳에서 아이들은 생명에 대한 존중과 경외심, 생태 감수성을 싹틔우고 꽃을 피워 열매를 맺을 수 있을 것이라 생각합니다.

배움의
공동체가 되다

▼

한경화 천안동성중학교 국어교사

수업을 바꾸자!

우리 학교에서 수업에 대한 고민을 본격적으로 하면서 '수업을 바꾸자!', '수업을 바꿔야 한다!'는 목소리가 나오기 시작한 시점은 2014년부터입니다. 당시 경기도에서는 2013년부터 '배움의 공동체' 수업과 철학이 넓게 퍼지는 중이었습니다. 교사들은 수업을 혁신하기 위해 각종 연수를 받고 배움의 공동체 수업 이론과 방법을 각 학교에 도입해 새로운 시대를 열고 있었습니다. 일본의 교사 사또마나부가 '배움의 공동체'를 주창하며 새로운 수업 이론, 배움 이론으로 유명세를 떨치기 시작한 시기와 일치합니다.

우리 학교에서도 수업 연구에 관심 있는 교사 몇 명을 중심으로 배움의 공동체에 관심을 갖고 '우리도 한번 해 보자'는 마음을 모아 관련 책을 읽고 공부하기 시작했습니다. 당시에는 몇몇 교사끼리 수업에 대한 고민을 나누며 '어떻게 하면 수업을 더 잘할 수 있을까?'를 모색하는 것으로 시작했습니다. 훗날 이 시도와 노력이 큰 나비 효과를 내며 우리 학교 수업을 혁신하고 성장시키리라고는 그때는 예측하지 못했습니다.

당시 우리 학교의 모든 교사가 수업의 성장을 위해 많이 노력했습니다. 그 가운데 배움의 공동체 수업이 학교 전체 수업에 적용되기까지 특별히 더 많이 노력한 몇몇 교사가 있었습니다. 그 교사들은 항상 자신만의 수업 철학이 담긴 '배움 활동지'를 만들며 교육과정을 재구성했습니다. 또 배움의 공동체 수업 모형으로 수업을 진행하며 학생들에게 토의와 토론을 통해 사고의 틀을 넓히게 했고 실생활과 연계된 유의미한 배움을 얻도록 했습니다.

이에 힘입어 다른 교사들도 수업에 대한 다양한 생각을 하게 되었습니다. 교사들은 학교 밖으로 수업 관련 연수와 출장을 다녔으며, 여기에서 배워 온 방법들을 각자의 수업에 적용하며 이런저런 시도를 하기 시작했습니다. 수업의 변화를 소망하던 교사들에게는 당시 앞서가는 경기도의 수업 변화 분위기가 심상치 않게 느껴지기도 했고, 혁신학교를 시작하며 우리들의 '수업 변화'에 대한 내적 동기와 열망이 매우 높았습니다.

우리 학교 배움의 공동체 수업에 대한 구체적인 이야기는 뒤에서 다시 하도록 하며, 우리 학교 수업 혁신에 날개를 달게 된 자유학기제에 대한 이야기를 먼저 해보겠습니다.

2014년 우리 학교는 충남교육청에 자유학기제 '희망학교'를 신청해 운영했습니다. 당시 천안에서는 학년당 10개 학급 규모의 ○○중학교가 자유학기제 연구학교를 맡아 진행하고 있었고, 다른 학교들은 자유학기제 시행을 엄두를 내지 못하고 있었습니다. 당시 연구부장이었던 저는 ○○중학교의 연구학교 발표회에 초대를 받아 학교를 방문하고는 혼비백산할 정도로 놀랐습니다. 그 넓은 학교의 복도들마다 주제 선택 활동, 동아리 활동, 진로 활동, 교과별 수업 활동으로 나눠

학생들이 공부한 결과물과 산출물이 셀 수 없을 만큼 많이 그리고 빼곡히 진열되어 있었습니다.

학생들의 창의적이고 다양하고 풍부한 아이디어들이 고스란히 녹아든 학습 결과물들을 정신없이 살펴보며, '아, 자유학기제는 이런 거구나! 아이들이 정말 재미있게 배우고 즐기면서 성장할 수 있겠구나!'라고 생각했습니다. 학교로 돌아와 ○○중학교의 성과와 상황을 교장선생님께 보고했습니다. 당시 교장선생님은 기다렸다는 듯이 우리 학교도 자유학기제를 희망해 운영해보자고 하셨습니다. 그때를 떠올려보면 '우리는 모두 고민 중!'이라는 표현이 딱 맞는 말일 것입니다.

물론 두려움이 없었던 것은 아닙니다. ○○중학교의 연구학교를 담당하던 부장교사가 격무에 시달리다 급성인 건강 이상 증세로 한 학기를 채 마치기도 전에 휴직하고, 다른 부장교사로 담당자가 바뀌었다는 소리가 들렸습니다. 그러다 보니 우리 부서에서만 모든 일을 감당하게 되면 어쩌나 하는 두려움이 컸습니다.

그러한 생각은 기우에 불과했습니다. 우리 학교 선생님들은 자유학기제가 시작되자 물 만난 고기가 자유롭게 헤엄치며 수중 기행을 하는 듯했습니다. 어디에서 그렇게 신기한 생각들을 끌어올렸는지, 어떻게 그런 기발한 아이디어로 수업을 기획하고 만들었는지 신기해할 정도로 놀라운 면모들을 보였습니다. 선생님들은 수업에서, 그리고 다양한 활동에서 학생들과 함께 마음껏 뛰놀며 자유학기제 취지에 맞는 수업과 활동 기량을 뽐냈습니다.

그러나 활동이 많아지고 결과물이 풍성해질수록 교사들의 내면에서는 '수업이 바뀌어야 해!'라는 말이 깊고 옅은 한숨에 섞여 더 강렬하게 뿜어져 나왔습니다. 자유학기제는 학생들의 진로 탐색을 적극 도와주는 프로그램을 운영하는 한편, 교과별로 성취 기준에 부합하면서 자유학기제의 취지에 맞는 수업을 고안해야 했기에 1학년 교과 수업을 맡은 선생님들은 깊은 '수업 고민'에 빠졌습니다. 당시 우리 학교는 배움의 공동체 수업 모형을 바탕으로 한 수업을 만들자는 움직임을 펴고 있었기에 고민이 더욱 깊어졌습니다.

자유학기제의 취지는 진로를 탐색하는 가운데 학생들이 즐겁게 참여하고 재미있게 배우게 하자는 것입니다. 자유학기제 대상 학년을 지도하는 각 교과 선생님들은 학생들의 진로를 탐색하는 내용을 담은 진로나 동아리 활동용 교육과정을 만들었습니다. 자유학기 취지에 부합하는 '학생 배움 중심 수업'과 '학생 활동 중심 수업'을 하기 위해 교육과정평가원이나 교육청에서 보내주는 자료들을 바탕으로 각자의 수업을 설계해 실행했습니다. 또 학년 협의와 교과 협의를 통해 서로의 수업을 나누고, 일부는 배우고 대부분은 격려와 칭찬을 해주며 우리는 수업 연구에 심취했습니다.

'배움의 공동체'와 마주하다!

2014년부터 전 교직원이 배움의 공동체 수업에 대해 공부하기 시작했습니다. '희망의 교실 혁명'이라는 타이틀과 '단 한 명의 아이도 포기하지 않는다'는 배움의 공동체 슬로건은 우리에게 크나큰 충격으로 다가왔습니다. '어떻게 단 한 명의 아이도 포기하지 않을 수 있지?'라는 반문이 여기저기서 터져 나왔지만, 우리는 각자의 학급과 수업 교실을 ㄷ자 모형으로 바꾸고 배움의 공동체를 기반으로 하는 수업을 만들고 실천하기 시작했습니다.

새로운 시도나 도전을 좋아하고 자신만의 스타일로 수업을 뚝딱 만들어내는 몇몇 교사들이 '활동지 제작'으로 우리 학교 학생들에게 맞는 맞춤형 교육과정을 재구성하기 시도했습니다. 그리고 '[생각 열기] – [생각 나누기] – [생각 펼치기] – [점프하기]'라는 배움 단계를 설정해 배움 활동을 하도록 지도하거나, '〈활동 1〉 – 〈활동 2〉 – 〈활동 3〉' 등의 배움 단계를 설정한 교육과정 재구성 배움 활동지를 제작해 수업을 진행했습니다.

이러한 배움이 일어나는 학생 배움 중심 수업에서 교사는 학생들의 배움을 관찰하고 순회하며 '안내자'와 '조정자'와 '조력자'의 역할에 충실하고자 노력했습니다.

배움의 공동체 수업 나눔 장면

교육잡지에 소개된 거꾸로교실 교사모임

　　이듬해인 2015년에는 한국에 배움의 공동체를 퍼뜨린 손우정 교수를 모시고 수업 컨설팅을 받았습니다. 같은 해에 수석교사가 된 저는 배움의 공동체 모형으로 수업을 기획하고 떨리는 마음으로 공개 수업을 준비했습니다. 수업을 보기 위해 학교를 방문한 외부 손님들과 전 교사가 참관하는 가운데 공개 수업이 진행되었습니다. 9년이 지난 지금 그때를 떠올려보아도 큰 떨림만큼이나 강력한 울림과 깨달음이 있는 수업이었습니다.

이후 우리는 '거꾸로 교실', '하브루타', '협동 학습', '토의토론 학습' 등의 수업 모형들을 공부하고, 먼저 공부한 교사들이 중심이 되어 동료 교사들에게 배움을 나누어 주었습니다. 교사들은 삼삼오오 짝을 지어 '거꾸로 교실 기반 학생 활동 중심 수업'을 하거나 '하브루타 기반 학생 배움 중심 수업'을 하면서 '교사와 학생이 끊임없이 교류하고 소통하면서 함께 지식을 창조하고 형성해 나가는 과정'을 중시하는 학생 배움을 응원하며 수업 혁신의 길을 씩씩하게 걸어 나갔습니다.

'혁신학교'라는
새로운 도전의 무대

자유학기제 희망학교를 성공적으로 해낸 우리는 '혁신학교'라는 새로운 도전의 무대에 올랐습니다. 처음에는 자꾸 새로운 것을 들여오려는 것에 대한 거부감으로 혁신학교 운영을 반대하는 교사도 있었습니다. 하지만 어느 순간 우리는 한마음이 되어 '혁신학교'의 출발선을 함께 넘고 있었습니다. 혁신학교에 대한 많은 이야기들은 업무를 담당했던 여러 부장

교사의 손끝에서 찬란하고 멋진 이야기들이 쏟아져 나왔을 것이므로 여기서는 '수업 혁신'에 대한 이야기만 하도록 하겠습니다.

혁신학교를 시작하면서는 수업에 대한 고민이 더욱 깊어졌습니다. 사실 학교 안에서는 담임교사 역할이나 생활지도, 교무업무를 비롯한 각종 행정업무 등은 배우지만, 수업에 대해 터놓고 배울 기회가 많지 않은 것이 현실입니다. 지금도 그렇지만 수업은 교사 개인의 고유 권한이고, 교사가 스스로 알아서 잘해야 하는 것이지 누구에게 배우는 것이 아니라는 인식이 팽배한 것이 교직 문화이기 때문입니다.

수업 혁신을 시작하던 처음에는 우리 학교도 그러했습니다. 학기마다 기간을 정해 수업을 공개하지만 수업 변화나 혁신이 일어나는 수업 성장에 크게 기여하지 못했습니다. 보통의 다른 학교 교사들과 마찬가지로 우리 학교 선생님들의 수업 역시 강의식 수업이 대부분이었고, 배움에 대한 특별한 생각을 가진 몇몇 교사 정도가 토론 수업이나 활동 중심 수업을 기획해 가끔 실행하는 게 전부였습니다.

수업 공개에 대한 생각도 처음에는 몹시 폐쇄적이었습니다. 공개 수업이 있는 날이면 같은 교과 선생님들 정도만 수업을 참관했습니다. 하지만 그마저도 남의 수업을 보는 것에 불편한 마음이 컸습니다. 특히 같은 교과 선배 교사나 나이가 많은 교사의 수업을 참관하는 것은 몹시 미안한 일이라는 생각으로 예의처럼 참관을 피해주곤 했습니다. 마음이 그러하니 수업 참관록에는 좋은 얘기만 기록하고, 조금이라도 불편한 이야기는 뒤에서 조용히 옆 사람과 나누는 것으로 완벽한 예의를 갖췄습니다. 그러다 보니 '수업 성장'이라는 말이 무색하리만큼 작아져 교사들의 옆으로 다가오지 못했습니다.

'배움의 공동체'를 시작으로 학교 안과 밖에서 운영하는 '거꾸로 교실' 모임과 '배움의 공동체' 수업 연구 모임에 관심을 갖고 참여하면서 수업에 대한 성장을 간절히 염원하는 교사의 수가 늘어났습니다. 배움에 목말랐던 교사들은 교육청에서 운영하는 각종 수업 관련 연수는 물론이고 각 연수 기관에서 운영하는 수업-평가와 관련한 연수라면 주말이나 방학을 가리지 않고 찾아다니며 배웠습니다. 그리고 배운 것을 자신의 수업에 적용해보면서 학생들과 함께 만들어가는 수업으로 행복에 흠뻑 젖었습니다.

퇴근 후 만나는 학교 밖 교과 모임의 수업 연구 분위기는 정말 뜨거웠습니다. 수업을 계획하고 실행하는 과정에서 느끼는 문제나 고민 등을 함께 나누었습니다. 수업에 대한 마음속 고민을 털어놓으며 결국 울음을 터뜨리는 교사들이 하나둘 생겨나기 시작했습니다. 처음에는 의아했습니다. '내 수업의 고민을 창피하게 남 앞에서, 그것도 같은 교사 앞에서 털어놓으며 울다니⋯⋯.' 도무지 이해가 되지 않았습니다.

그런데 기적 같은 일이 일어났습니다. 학생들 앞에서 수업이 잘 안 된다며 우는 젊은 교사에게 질문이 이어졌습니다. 아이들을 만날 때 선생님의 마음은 어떠한지, 구체적으로 수업이 어떻게 안 되는지, 어떤 때 가장 속상한지, 수업 준비는 어떻게 했는지 등등 문제의 본질을 꿰뚫는 예리한 질문들이 차례차례 던져졌습니다. 울던 교사는 질문에 답하면서 때론 항변을, 때론 반성을, 때론 자신감을 내비치기도 하며 성찰의 시간을 훌륭히 마주했습니다. 내 수업과 직면해야 수업 성장에 주춧돌 하나를 더 얹을 수 있다는 깨달음을 얻은 순간이었습니다.

우리 학교 수업 공개 후의 사후 협의회도 이러한 방법으로 진행하기로 했습니다. 경력이 많은 선생님과 경력이 적은 선생님이 팀을 이룬 것처럼 한 조가 되어 한 사람은 1학기에, 다른 사람은 2학기에 전체 교사를 대상으로 수업 공개를 했습니다. 그리고 우리는 '수업 대화'를 통해 수업을 성찰하는 시간을 함께하며 '수업 성장'의 씨앗을 심고 키워 나가기 시작했습니다. 그 씨앗은 2014년 봄부터 움을 트고 무럭무럭 자라났고, 혁신학교 10년 차를 보내는 현재 우리 학교의 자랑으로 가지를 뻗고 잎을 매달며 무성해지고 있습니다.

그런데 교육 환경과 여건이 바뀌면서 방과 후에 진행되던 '전 교사 대상 수업 공개'와 '수업 대화'의 시간을 별도로 확보하기가 어려워졌습니다. 그리고 이제는 다양한 교과의 수업을 통해 배움을 확장해야 한다는 목소리가 나왔습니다. 그 목소리는 빠르게 적용되어 학년 간 주제통합 수업과 교과 간 융합 수업이 그렇게 또 시작되었습니다.

우리 학교 학년 간 주제통합 수업은 모범 사례로 교육청이며 여러 기관들에 소개될 정도로 성공적이었고, 수업을 기획한 교사와 수업을 만들어 나간 학생들 모두에게 뿌듯함을 선물해 주었습니다. 이제 우리 학교 교사들은 학기마다 수업을 여는 데 두려움이 없는 듯했습니다. 주제통합 수업이나 융합 수업을 만들기 위해 쉬는 시간이나 점심시간을 이용해 수업 대화가 일어나는 것은 일상이 되었고, 교사들은 항상 수업 준비를 참 열심히 했습니다.

혁신학교의 중심축에 있는 수업 혁신이 성공했던 비결을 꼽으라면 교사들의 열정과 혁신에 대한 긍정적인 마인드, 끊임없는 노력, 교사를 믿고 따르는 학생들의 자발적인 동행 등 여러 가지 요인이 있습니다. 무엇보다 학급당 줄어든 학생 수의 영향도 한몫했습니다. 20명 내외의 학생들은 수업 시간에 어느 정도 교사의 눈과 품에 들어왔고, 4인 1조의 모둠 구성은 모둠 활동으로 수업을 진행하는 데 최적의 조건이 되었습니다.

모둠 활동을 통해 학생들은 자신의 생각을 말하고 친구의 말을 경청하면서 배움을 확장했으며, 즐겁고 신나게 토의하고 토론했습니다. 모둠 활동을 통해 학생들이 배움을 일궈나가는 동안 교사는 모둠을 순회하며 조력자의 역할을 충실히 하고 어려움을 호소하는 학생들에게는 맞춤형 지도도 했습니다. 또한 배움에서 학생들의 이탈이 발생했을 때 적극적인 조정자가 되어 학습이 성공적으로 이루어지도록 돕는 사람의 역할을 다했습니다.

지금 우리는 혁신학교 10년 차의 해를 보내고 있습니다. 여전히 우리는 배움의 공동체로 거듭나기 위한 노력을 기울이고 있습니다. 가끔 우리가 진정한 '수업의 맛'을 아는 교사가 되었다고 자부할 수 있을까 자문하곤 합니다. 교사에게 수업은 언제나 더 잘하고 싶다는 목마름을 유발하기에 계속해서 성찰합니다. 아마도 그 성찰은 지속가능한 발전을 이끌어줄 것이라 믿습니다.

혁신학교를 운영하는 10년 동안 변한 것이 많습니다. 가장 큰 변화는 학생들의 수준과 상태입니다. 예전 학생들에 비해 집중력이 많이 떨어졌고, 탐구하고자 하는 열정도 예전만 못합니다. 코로나 시대를 지나온 아이들은 수업 예절을 몸에 익히지 못했고 전자기기 의존도가 현격히 커졌습니다. 학습에 대한 마인드는 많이 떨어졌고 학생별 학습 격차도 크게 벌어지고 있습니다. 긍정적인 면보다 부정적인 면이 많은 변화에 놀랍니다.

그래서 우리 학교는 또 다른 수업 혁신을 위해 고민하고 있습니다. 예전과는 다른 내용의 고민이 더 늘어나기는 했지만, 혁신학교 10년 차에 걸맞은 수업을 하는 교사로 거듭나기 위해 다시 한 번 도움닫기를 하고 있습니다. 시대에 부합하며 사회 변화의 흐름을 읽어내는 수업과 교육을 하기 위해서 말입니다. 우리는 혁신학교를 통해 '배움의 공동체'가 되었기에 어떤 어려움이 다가와도 극복할 수 있을 것입니다.

전문적
학습 공동체

▼

박은진 천안동성중학교 국어교사

2층 '꿈사미관'을 향하는 발걸음이 무겁습니다. 205호를 지나면 복도 양쪽으로 학생들이 미술 시간과 자유학기, 동아리, 예술체육 시간에 만든 다양한 작품들이 전시되어 있습니다. 학생들의 작품에 눈길을 주며 걸음을 옮기면 도서관 앞에 다다릅니다.

자동문이 열리고, 도서관에 들어옵니다. 그곳에는 두 개의 교실과 서가가 있고, 가운데에는 전체 교직원이 모여 이야기를 나누는 중앙홀이 있습니다. 창밖으로 하얀 배꽃이 피어 있습니다. 중앙홀 자리는 원형으로 배열되어 있습니다. 30명의 교사들이 모여 의견을 주고받을 수 있고, 마이크 없이도 회의나 연수가 가능합니다. 오늘은 이 자리에서 구성원들의 의견을 나누는 중요한 회의를 합니다.

2015년 혁신나눔학교로 시작한 혁신학교 운영을 재지정, 추가 재지정을 받으면서 지속했습니다. 2024년 10년차 혁신학교는 성장 기록물 제작을 끝으로 2025년 2월에 혁신학교 운영을 종료합니다. 혁신학교 운영이 끝나더라도 혁신교육의 성과를 바탕으로 학교 문화를 혁신해 나갈 수 있을 것이라고 교육청에서는 이야기했습니다.

천안동성중학교는 혁신학교를 운영하면서 다양한 지원을 받았습니다. 가장 좋았던 부분은 학급 최대 인원이 25명이라는 점입니다. 그런데 2024년이 지나면 이 혜택도 사라집니다. 학령인구 감소로 단계적으로 학급 인원은 줄어들겠지만 확실한 대안이 필요했습니다. 혁신미래학교를 운영하면 학급 인원을 지금처럼 유지할 수 있습니다. 이 외에도 여러 장점이 있습니다. 혁신미래학교 신청을 위한 교직원의 동의를 얻기 위한 논의를 해야 합니다.

2014년 혁신학교 신청을 할 때(당시 교직원 회의 시간)는 분위기가 살얼음을 걷는 것처럼 위태로웠습니다. 신청하자는 관리자들과 그걸 하면 교사들이 안 그래도 할 일이 많은데 더 많아지는 것 아니냐는 이야기가 팽팽하게 줄다리기를 했습니다. 우여곡절 끝에 혁신학교 신청을 했던 기억을 상기하면서 오늘 이 시간에 논의를 잘할 수 있을지 걱정이 밀려왔습니다. 간단한 설명을 하고 의견을 주고받았습니다.

"혁신미래학교 신청을 하면 어떤 장점이 있나요?"

우리가 어떤 일을 하면 힘이 들겠지만 어떤 목적을 위해 그 일을 기꺼이 해야 하는지 의견을 주고받았습니다. 우려의 목소리도 들었습니다. 여기에 그 내용을 모두 담을 순 없으니 이하 생략합니다. 익명으로 구글 설문조사를 해 구성원의 의사를 받았습니다. 어떤 식으로 구성원의 협의를 받는지는 학교의 상황에 따라 다르기 때문입니다. 설문 결과는 30명 중에 29명이 찬성해 혁신미래학교 신청을 했고, 중학교에서는 유일하게 선정되어 생태 전환 교육을 운영하고 있습니다.

생태 전환 교육을 하기로 결정하는 일에는 교사들의 합의가 중요합니다. 교육과정과 연계해 운영하기 위해서는 전문적 학습 공동체에서의 연구와 수업에서의 적용이 긴밀하게 연결되어 진행되어야 하기 때문입니다. 천안동성중학교 전문적 학습 공동체에는 전체 교사가 참여하는 '더불어 숲', 독서토론을 하는 '산책', 수석교사 중심으로 운영하는 수업 모임 '동행'이 있습니다. 먼저 전문적학습공동체〈더불어 숲〉을 살펴보려고 합니다.

더불어
숲

월요일 6교시가 끝난 뒤 오후 3시 30분 도서관 중앙홀에 모든 교사가 모입니다. 이 날은 특별한 사유가 있을 때만 조퇴를 하는 것으로 정했습니다. 불가피한 연가나 출장이 있기도 하지만 말입니다. 월요일은 바쁩니다. 한 주의 시작이기도 하지만 전체 교직원이 모이는 날이기도 합니다.

전체 교직원이 모이는 회의는 다모임의 형태에서 전문적 학습 공동체 '더불어 숲'으로 바뀌었습니다. 회의들은 일방향으로 전달하는 일이 많았습니다. 진짜 회의가 아니라 전달 모임이었습니다. 한 달에 한 번 정도 전체 교직원이 한 달의 일을 서로에게 이야기합니다. 회의 자료를 읽지 않고, 정말 중요한 것만 말합니다. 그래서 회의 시간을 단축하기 위해 노력합니다.

　　다른 날에는 주로 학년별 모임을 하거나 교과협의회를 하기도 하고, 전문적 학습 공동체 운영을 이 날 하기도 합니다. 그렇게만 일정을 잡아도 빼곡합니다. 특수분야 직무연수를 신청해 교사들의 연수 시간을 확보하며 운영하고 있습니다.

함께 걷는 책 모임, 산책

'산책'은 독서토론을 중심으로 운영하고 있습니다. 다양한 주제로 책을 정해서 읽고 이야기를 나눕니다. 월요일에 진행하는 '더불어 숲'에서 교사들이 모두 의견을 나누려고 노력합니다. 하지만 시간의 제약이 항상 존재하기 때문에 서클 형식으로 모두 이야기를 나누려고 혁신학교 초기에는 노력했지만, 요즘은 익명의 구글 설문을 활용하거나 연령대별 토의를 진행하거나 합니다.

　　'산책' 모임을 운영하는 입장에서는 선생님들이 조금 더 여유가 된다면 더 많은 선생님이 모이시면 좋겠다는 생각을 합니다. 매년 새로 구성원을 모집하는 메시지를 보내고 있는데, 학기 초에 많이 모였다가 학기 중으로 가면 참여율이 낮아지는 어려움을 겪고 있습니다. 개별 선생님들의 상황을 이해하지만 힘이 빠지는 건 어쩔 수 없는 일이기도 합니다. 이런 운영의 어려움을 토로하면 친목 모임이라면 운영이 더 잘 될 거라고 조언하기도 합니다. 친목 모임은 전문적 학습 공동체가 아니기 때문에 어렵다는 이야기를 합니다.

'산책'에서 읽는 책은 다양합니다. 어려움이 있어도 우리는 모입니다. 책을 다 읽지 못하고 오셔도 된다고 말씀드리기도 합니다. 책 한 권을 읽는 일이 뭐가 그리 어려울까 싶을 때도 있지만 학기 중에는 다양한 일이 일어납니다. 산책 모임 후에 내용을 기록해 두었습니다. 그 기록이 벌써 99회까지 쌓였습니다(원고를 쓰고 있는 2024년 2월 기준). 2024년 학기 중에 100번의 모임을 할 수 있을 것이라고 생각합니다. 그동안 기록을 모아 두었는데 어떻게 정리하면 좋을까 아직도 고민 중입니다.

동성 행복 수업 연구 동아리,
동행

수석교사 중심의 수업 연구 동아리인 '동행'은 매년 연구 주제를 구성원들의 의견을 수렴해 정하고 있습니다. 2023년에는 ESG 연계 주제통합 수업과 융합 수업 연구를 주제로 운영했습니다. 수석교사를 중심으로 희망 교사들이 참여했습니다.

혁신미래학교 운영의 주제가 지속가능한 삶을 위한 생태 전환 교육이고, 환경 교육의 중요성이 커지고 생태 교육의 필요성이 대두되고 있을 때 적절한 아이템을 선정해 수업 연구를 진행했습니다. 동료 교사들과 이야기를 나누면서 전문성이 신장되는 장점이 있기 때문에 교사들도 퇴근 이후의 시간까지 할애해 참여합니다. 함께 공부하면서 자신의 교과 내 수업에 적용할 부분을 찾아갈 수 있다는 것이 학습 공동체의 장점입니다.

'동행' 소속 선생님들은 2023년 2학기 리더십 캠프에서도 ESG 관련으로 프로그램을 진행하시고, 〈동성중의 문단속〉이라는 영상도 제작해 학교 곳곳 화면에 띄웠습니다. 〈스즈메의 문단속〉을 패러디하여 에너지를 절약하기 위한 방법을 알려주는 영상인데, 선생님들이 뛰어난 연기력으로 직접 소화하셨습니다. 화면에 등장한 선생님들의 모습에 학생들도 열심히 보고, 실천하기 위해 노력하겠다고 다짐했습니다.

전문적 학습 공동체 활동을 통해 교사의 수업 전문성이 신장할 수 있습니다. 개별 교실을 넘어 연대를 통해 교사도 학생도 성장할 수 있는 전문적 학습 공동체를 운영하기 위한 새로운 시도도 있습니다.

『대한민국의 시험』이라는 책은 IB학교 신청 전에 여러 교사의 의견을 모으기 위해 먼저 읽었습니다. 새로운 시스템을 학교에 도입할 때 상향식 방법은 교사들의 자발성을 이끌어내는 데 어려움이 있습니다. 하지만 여러 교사들이 사회 변화와 교육의 변화를 읽고, 학생들의 성장을 위해 필요한 일이라고 여긴다면 기꺼이 시도하려고 합니다. 그런 수업을 위한 노력과 제도를 유연하게 받아들이려는 교사들의 태도는 교사도 성장하게 만드는 자극이 됩니다.

학교 교육의 질적 성장을 위해서는 교사의 수업에 관한 전문성을 키우기 위한 노력이 무척 중요합니다. 바쁜 일과 속에서 하는 외부 기관의 연수도 좋겠지만 함께 근무하는 교사들과 협력하고 연구하는 문화가 실현되는 것이 바로 학습 공동체입니다. 우리는 교사들의 자발성을 키우기 위해 노력했습니다. 협업하고 새로운 문화를 만들기 위해 노력하고 성장할 수 있는 역량을 중시합니다. 학습 공동체를 다양하게 운영하는 것도 좋지만 운영자의 노력이 많이 필요하기 때문에 우리는 3월에는 교육과정을 세우기 위한 노력을 하고 다음에 합니다.

영어과는 영어과에서 연구하고 실천하는 모임을 운영하고 있습니다. 소규모 학교라서 교과별 연구가 더 자연스럽게 진행되면 좋겠다고 생각합니다. 수업 공개 주간을 앞두고는 공동 연구와 실천을 공유하는 협력적 문화가 구축되고 있다고 생각합니다. 학교 밖 전문적 학습 공동체에 참여해 연구를 계속하는 교사들도 있습니다.

학생들의 평가는 냉정하며, 수업을 성실하게 준비하지 않고 교실에 들어가면 학생들은 쓰러지기 시작합니다. 물론 열심히 준비해도 격렬하게 몸을 움직인 수업 뒤나 학교 행사 뒤, 과열된 열기 뒤에 시작하는 차분한 수업에서는 쓰러지기도 합니다. 그래도 사회가 빠르게 변하니 교실에서 배운 지식이 아이들에게 도움이 되기를 바라면서 삶과 연결 짓고 배움이 일어나기를 기대하며 수업을 설계합니다. 그런 도움을 얻을 수 있는 대상은 외부 컨설팅 기관이 아니라 바로 옆에 있는 교육 전문가 동료 교사들입니다.

하지만 우리는 오랜 시간 수업을 열지 못했습니다. 행사처럼 일 년에 한두 번씩 수업 공개를 하지만 평소 수업이 아닌 준비되고 연출된 수업을 하게 됩니다. 우리는 앞으로 수업 공개를 일상적으로 해야 합니다. 그렇다고 아무 때나 문을 벌컥 열고 들어와 수업을 보는 것은 아닙니다. 융합이나 주제통합 수업을 더 많이 하다 보면 자연스럽게 교실의 문이 열리고, 협력하는 문화가 더욱 공고하게 구축될 것이라고 생각합니다. 수업 공개와 나눔을 위한 문화 형성을 위해, 교사들이 서로 끈끈한 관계를 만들기 위해 노력해야겠다는 다짐으로 이 장을 마칩니다.

학생 자치로 학생 중심의
학교 문화를 만들다

▼

박은진 천안동성중학교 국어교사

학생 자치의
필요성

학교의 주인은 누구일까요? 학생, 교사, 학부모, 이들을 모두
포함하는 구성원 모두라고 생각할 수도 있습니다. 하지만 누
구보다 학생이 학교의 중심에 있어야 합니다. 그래서 학생 자
치가 중요하고, 학생의 활동을 지원하는 교사와 학교의 역할
이 중요합니다. '학생 자치'라는 말을 들으면 학생 주도 행사,

서클 회의, 자율성 신장, 연대, 동아리, 학생회라는 말이 떠오릅니다. 학교에 관한 일을 학교 교육공동체인 학생, 학부모, 교사가 스스로 책임지고 처리하는 것을 '학생 자치'라고 합니다.

학교는 세상살이를 배우는 사회의 축소판입니다. 우리 학생들이 살아갈 사회의 변화 속도는 너무나 빨라 미래 사회의 모습을 예측하기 어렵습니다. 학교는 학생들이 세상을 살아갈 지혜를 얻고 어려움을 해결하는 역량을 기를 수 있도록 교육할 필요성이 더욱 커지고 있습니다. 학생들이 자기 삶의 주도성을 키우게 하려면 교사의 적극적인 도움과 지역 사회의 협조가 반드시 필요합니다.

우리 학교는 학생들이 다양한 경험을 하며 발생하는 문제를 친구들과 해결하면서 따뜻한 감성을 지니고 관계를 원만하게 유지하는 방법을 배우도록 교육과정을 운영하고 있습니다. 자신의 삶과 학습을 주도적으로 설계해 나가는 법을 배우는 것은 학생 자치의 궁극적인 목적입니다. 학교는 학생들에게 다양한 기회를 제공하고, 학생들은 다양한 활동에 참여하면서 더불어 살아가는 방법을 배울 수 있게 됩니다.

졸업앨범 주인공은
학생

혁신학교를 운영하기 전부터 천안동성중학교는 학생을 중심
으로 교육과정을 운영했습니다. 대표적인 사례로 꼽을 수 있
는 것이 바로 졸업앨범입니다. 학생들은 졸업앨범을 업체에
맡기지 않고 자신들이 원하는 사진으로 한 면을 꾸몄습니다.
앨범 동아리는 학생들의 의견을 반영해 표지 디자인, 내용 체
계 등을 제작했습니다.

　　학생들이 주도해 앨범을 만들도록 하기 위해 교사들은
협력해서 판을 깔아주는 역할을 합니다. 행사가 있을 때는 학
생들의 모습을 부지런히 카메라에 담아 외장 하드에 저장합
니다. 학생 성향에 따라 카메라를 피하기도 해서 개인마다 사
진 보유량에 차이가 나기도 하지만 앨범을 만들지 못할 정도
는 아닙니다. 우리 학교만의 특별한 졸업앨범을 눈여겨본 다
른 학교에서 이를 벤치마킹하고 싶다는 이야기를 정말 자주
합니다.

　　졸업 앨범을 학생들이 직접 구성하는 것이 사소한 일이
라고 생각할 수도 있습니다. 하지만 이런 문화 속에서 학교를

다니는 학생들은 어른들(교사, 학부모)의 개입 없이도 스스로 생각하고, 친구들과 의견을 나누면서 판단할 수 있게 됩니다. 그래서인지 모교를 찾아온 졸업생들이 고등학교에서 그런 경험이 줄어 아쉽다는 말을 자주 합니다. 자기 삶의 주인공으로 많은 것을 스스로 계획하고 실행할 기회를 학생들에게 주기 위해 교사들은 노력하고 있습니다. 그래서 졸업앨범 문화는 계속 유지되고 있습니다.

학생회
활동

'학생자치위원회'는 행사활동부, 소통홍보부, 생활인성부, 봉사활동부, 돌봄나눔부로 구성되어 있습니다. 돌봄나눔부는 교복 나눔 행사, 행복 우산 관리를 합니다. 행사활동부는 축제, 행사, 캠페인을 실시합니다. 소통홍보부는 각종 행사 포스터 제작, 사진 공모전 주최, 공모전 상품 준비 등의 일을 합니다. 봉사단은 급식 지도, 교내 환경 정화 등 다양한 활동을 합니다. 생활인성부는 도움이 필요한 친구에게 봉사하고 배려하는 일을 담당합니다. 정리를 하다 보니 학생회에서 하는 일이 정말 많다는 생각이 듭니다.

특히 교사 입장에서는 점심시간 급식 지도를 봉사단에서 진행해서 좋았습니다. 급식 지도를 하다 보면 즐거워야 할 급식 시간에 화가 날 때도 있습니다. 그럼에도 막상 봉사단에서 이 일을 담당한다고 들었을 때는 걱정이 살짝 밀려왔습니다. 자리 때문에 어떤 학생과 얼굴을 붉힌 기억이 있었기 때문입니다.

친한 친구들과 무리지어서 앉고 싶은 마음은 이해하지만 한정된 자리에 많은 아이들을 앉게 만들려면 다른 곳에 앉으라고 할 수밖에 없습니다. 교사가 급식실에서 줄을 잘 서라고 하면 잔소리가 되지만 선배와 후배들이 급식 질서를 잘 지키라고 하면 그래도 들으려고 노력합니다. 급식 질서를 지키지 않았을 때 서로가 불편을 겪게 되기 때문입니다.

학생 자치를 위해 필요한 것은 학생들을 믿어주는 것입니다. 물론 아무런 도움 없이 '알아서 잘하겠지'라는 생각은 아닙니다. 처음에는 학생들끼리 잘할 수 있을까, 걱정이 앞선 것도 사실입니다. 선배들을 보면서 배우는 과정을 통해 작년보다 올해는 더 성장한 학생들을 볼 수 있습니다. 급식 지도도 그랬습니다. 처음에는 혼란스러웠지만 지금은 잘 진행되고 있습니다.

'학생자치위원회'는 질서 유지뿐 아니라 축제, 체육대회도 학생회에서 프로그램을 정하고, 학생 의견을 반영해 주체적으로 운영하기 위해 노력하고 있습니다. 우리 학교는 학급 규칙도 한 달에 한 번 정도 학급 서클 회의를 통해 의견을 모아서 정합니다. 학교에서 일방적으로 정한 규칙보다 학급 구성원의 의견으로 내용을 정하니 참여도가 높고, 교육과정을 성찰하며 개선 방향을 찾기 위해 의견을 내는 일이 많아졌습니다.

12월 어느 날, 방과 후 늦은 시간까지 학생들이 남아서 면접 준비를 하고 있었습니다. 학생회 부서원을 뽑기 위한 자리였습니다. 사실 학생회 일은 반장이나 부반장처럼 눈에 띄는 역할도 아니고, 정말 학교와 학생들을 위해 봉사하겠다는 마음으로 지원하는 것입니다. 그런데 부서별 경쟁률이 2 대 1이 될 정도로 경쟁이 치열했습니다.

결과 발표가 난 뒤 합격하지 못한 학생들은 슬퍼하며 내년에 다시 지원하겠다고 말하기도 했습니다. 그 모습을 보면서 우리 학교 학생들이 대단하다고 생각했습니다. 해를 거듭할수록 학생회를 중심으로 한 다양한 활동은 더욱 활성화되

고 있습니다. 학생들이 학생회에 적극적으로 참여하는 모습을
보면 우리는 학생들이 정말 성장하고 있다는 생각이 듭니다.

캠페인
활동

캠페인 활동은 전교생이 참여하는 밴드를 통해 내용을 공지
합니다. 1층 현관 앞이나 급식실 앞에서 진행하기도 합니다.
4·16 세월호 참사, 10·29 이태원 참사 시기가 다가오면 학
생회에서 추모 행사를 기획합니다. 학생 자치 담당 교사가 학
생회장단에 행사 취지와 방향을 간단하게 설명하고, 학생들
은 다른 학생들의 의견을 모아 행사를 진행합니다.

코로나19 상황일 때는 거리두기 캠페인을 벌였고, 매년
신입생 맞이도 기획합니다. 2023년에는 바른 언어 사용하기
로 자신이 쓴 욕을 써서 쓰레기통에 버리는 행사를 진행하기
도 했습니다. 교사의 일방적 지시보다 학생들이 자발적으로
진행하는 일에 확실히 참여도가 높고 지속성도 길기 때문에,
교사들은 여러 주제로 캠페인을 진행하기를 바라는 욕심이
생깁니다. 그런데 그 욕심이 더 커집니다.

학교 앞 횡단보도가 있습니다. 등교 시에는 배움터 지킴이분이 안전한 등교를 위해 노력해 주십니다. 그런데 하굣길에는 횡단보도에서 통행을 위한 버튼을 눌러야 신호등이 켜집니다. 학생들은 때때로 이런 신호를 무시하고, 운전자는 학생들이 길을 건너는데도 멈추지 않고 빠른 속도로 지나기도 합니다. 이런 일들이 반복되자 민원 전화가 걸려왔습니다. 우리는 방법을 찾기 위해 노력했고, 학생회에서 교통안전 캠페인을 진행했습니다.

학교는 학생들의 참여가 많아질 때 활기찬 분위기로 가득합니다. 수업 시간에 흥미를 찾지 못하던 학생들도 학교의 다양한 행사에 적극적으로 참여하기도 합니다. 학교는 공부만 하는 공간이 절대 아닙니다. 학생들은 그런 참여를 통해 소속감을 느끼고, 학교에 열심히 다니게 됩니다.

두 번의 리더십 캠프

학생회 활동이 잘 이루어지려면 리더의 역할이 무척 중요합니다. 그래서 2023년 2학기에는 리더십 캠프를 두 번 했습니다. '우리가 기획하고 실천하는 ESG'라는 주제로 리더십 캠프를 1박 2일로 학교에서 개최했습니다. 리더십 캠프에서는 다양한 활동과 워크숍을 진행했습니다. 환경 보전을 위한 봉사 활동과 재활용 교육, 사회적 책임에 관한 논의 등 다채로운 프로그램을 준비해 학생들이 실제 문제에 대한 인식을 높이고, 창의적인 해결책을 모색하는 시간을 가졌습니다.

또한 학생들은 학년 간 협력과 리더십 역량을 키울 수 있는 다양한 동료 활동에 참여했습니다. 행복한 학교를 만들기 위한 노력을 주제로 다양한 아이디어와 의견을 나누고 발표했으며, 자기 전에는 신뢰 게임으로 눈 가리고 손을 잡고 함께 산책하며 서로의 신뢰와 협동을 강화하는 소중한 시간을 가지기도 했습니다.

학급 반장과 부반장을 대상으로 천리포 수목원 프로그램으로 리더십 캠프를 또 진행했습니다. '내가 Green 숲'이라는 제목으로 생태 감수성을 향상할 수 있는 캠프였습니다. 숲과 바다가 조화를 이루고 있는 자연을 산책하고, 압화 액자를 만들며 감정을 다스리는 시간을 보냈습니다. 리더십 함양 특강을 듣고, 서클회의를 통해 의견을 공유하며 유대감을 형성했습니다.

리더십 캠프에 참여한 학생들은 만족도가 높았습니다. 이런 기회를 통해 학생들이 학교의 진정한 주인으로 거듭날 수 있고, 배운 내용을 바탕으로 다른 학생들을 바른 방향으로 이끄는 진정한 리더로 만들어집니다.

학생들이 학교에서 공부만 하는 건은 아닙니다. 공부가 목적이라면 학교의 필요성은 줄어들지도 모릅니다. 학교라는 물리적 공간이 아니라도 배울 수 있는 곳은 오프라인과 온라인을 포함해 많아졌습니다. 어디에서나 배울 수 있는 세상에서 극심한 전염병으로 학교가 문을 닫았을 때 우리는 학교가 공부만 하는 공간이 아니라는 사실을 모두 알았습니다.

우리 학생들을 민주 시민으로 키우기 위해 학교에서는 어떤 일을 하고 있느냐고 묻는다면, 천안동성중학교 교사들은 당당하게 말할 수 있습니다. 우리는 축제나 학교의 여러 행사에서 학생들이 주도적으로 참여할 수 있는 문화를 만들어주고 있습니다. 학교의 주인은 학생이라고 생각하도록 공간을 만들고 기회를 제공합니다.

학생들이 갖고 있는 역량을 발휘하는 모습을 보면, 바람직한 미래를 살아갈 시민들을 키우고 있다는 것을 알게 됩니다.

혁신학교에서
IB World School로의 도약을 꿈꾸며

▼

홍민정 천안동성중학교 영어교사

미국 유학 생활
장벽과 극복 과정

식물이 가장 무성하게 자라는 때는 일 년 중 어느 시기일까요? 봄바람의 손길도 한여름의 태양도 식물을 키우지만, 한 차례 장마철이 지나고 나서야 식물이 풍성하게 자라고 열매를 맺는다는 것을 배웠습니다. 제 삶에서 가장 치열했지만 저의 가치관과 세계관, 세상을 대하는 태도와 삶의 자세를 완전히 뒤바꾸어 놓았던 제 삶의 장마철은 대학교 3학년 시절, 미국에서 교환학생으로 지냈던 1년간의 시간입니다.

교환학생 이전의 저는 한국형 모범생이었습니다. 중학생 때부터 대학생 때까지 선생님이나 교수님의 농담까지 필기하며, 그분들의 생각을 그대로 복사하고 암기하는 것에는 자신이 있었고, 노력한 만큼 시험에서 성과를 잘 내는 편이었습니다. 하지만 미국의 대학교에서는 상상하지 못했던 깊은 소외감을 느꼈고, 자신감은 곤두박질쳤으며, 수업마다 우울감과 두려움에 떨고 있었습니다.

이는 영어라는 장벽 때문이 아니었습니다. 수업 방식의 차이 때문이었습니다. 미국의 대학교에서는 수업 대부분이 토론과 글쓰기였는데, 학생들은 '자신만의 생각'이 무엇인지 말하거나 쓸 수 있어야 했습니다. 하지만 저는 생각하는 힘이 없었습니다. 저만의 생각을 키우는 훈련 시간을 경험해본 적이 없었던 것입니다. 외우는 능력을 우수한 능력으로 평가하던 한국에서 저는 우등생이었는데, 매 순간 자신만의 관점을 지니고, 자신의 의견이나 생각을 자신감 있게 논리적으로 풀어내는 능력을 우수한 능력으로 평가하는 미국 사회에서 저는 꼴찌가 되었습니다.

이 어려운 시기를 어떻게 극복할 수 있었을까요? 그것은 학교 시스템과 교수님들의 도움 덕분이었습니다. 미국 대학교에서는 교수님과 일대일 면담을 할 기회가 많아서, 교수님의 개별 지도를 여러 번 받을 수 있었습니다. 리포트를 제출하면 교수님들은 여백에 빽빽하게 피드백 코멘트를 적어 주셨고, 더 좋은 생각을 할 수 있도록 이끌어 주셨습니다.

가장 놀라웠던 점은 처음에 C를 맞더라도 포기하지 않고 몇 번이고 리포트를 다시 써서 제출하면 가장 좋은 점수가 최종 점수가 되는 점이었습니다. 한국에서는 상상할 수 없는 시스템이었습니다. 초등학교 때부터 대학교까지 16년 내내 제출한 과제에 대해서 교수님이나 선생님과 면담을 해본 적도, 피드백을 한 줄이라도 받아본 적도 없었습니다.

또한 교환학교에서는 수업에서 어려움을 겪는 학생들을 위한 특별한 제도가 있었습니다. 이전 학기에 동일 과목을 수강했던 최우수 성적 학생에게 일대일 과외를 받을 수 있었습니다. 진정한 개별 맞춤형 수업이었습니다. 학교가 그 학생에게 근로 장학금을 제공하고, 저는 일대일로 도움을 받으며 저만의 속도대로 수업의 예습이나 복습을 할 수 있었습니다. 그 덕분에 실제 수업에서 조금씩 저만의 생각을 이야기할 수 있는 용기를 얻었습니다.

놀랍게도 수업 중에 어렵게 입을 열어 표현한 저의 생각을 누구도 비난하거나 무시하지 않았습니다. 학생들과 교수님들은 어떤 생각과 의견이든 집중해서 깊이 존중하며 들어주었습니다. 이러한 교육 환경에서 저는 조금씩 저만의 생각을 쓰고 말하는 것에 익숙해졌습니다. '생각하는 힘'도 훈련을 통해 키울 수 있다는 것을 알게 되었습니다.

어떤 수업이든 시간이 꽤 걸렸지만, 포기만 하지 않으면 A+를 맞을 수가 있었습니다. 그때는 포기하지 않고 다시 도전하는 시간들이 너무 힘들어서 그 모든 시간의 의미를 알지 못했습니다. 이것이 성장의 시간이었다는 것을 말입니다. 저는 어떤 문제를 대하든 저만의 생각과 관점을 형성하는 방법, 나와 다른 생각을 귀 기울여 존중하며 듣는 자세, 어려운 과제도 포기하지 않고 도움을 요청하고 새롭게 도전하는 방법 등 진짜 공부하는 방법과 세상을 살아가는 삶의 기술들을 배웠습니다.

IB 교육의
우수성

이런 교육이 한국에서도 가능할까요? 물론입니다! 작년, 교내의 동료 선생님들과 함께 『대한민국의 시험』이라는 책을 읽었습니다. 이 책은 과도한 경쟁, 암기와 입시 위주의 교육 환경, 정해진 정답만을 맞추기 위한 수동적인 공부 방법 등 한국 교육의 문제점을 지적하고, 그 대안으로 IB 교육과정을 제시하고 있습니다. 이전에 한국 교육과 미국 교육의 간극을 치열하게 겪어보았기에, 이 책이 언급하는 우리 교육의 문제점과 대안으로 제시하는 IB 교육의 우수성에 깊이 공감했습니다.

제가 미국에서 경험했던 대학 교육의 시스템을 IB 교육은 초·중·고등학교에서 구현하고 있었습니다. IB 교육은 학생의 진정한 성장을 지원하는 교육 시스템이자 교육을 통해 지적 성장뿐만 아니라 삶의 기술과 태도, 가치관 등 정의적 성장까지 다루는 전인적 교육과정입니다.

IB는 '국제 바칼로레아International Baccalaureate'의 줄임말입니다. IB 교육의 태동 과정을 보면, IB 교육의 색채가 잘

드러납니다. 1950년대, 제1차·제2차 세계대전 이후 국제 연합 기구들이 스위스 제네바에 본부를 두는 경우가 많았습니다. 스위스에서는 자연스럽게 국제기구 직원들의 자녀 교육 문제가 대두되었습니다.

국제기구 직원들의 자녀들은 다양한 국적·문화·교육적 배경을 지녔고, 여러 국가를 이동해야 했기 때문에 여러 국가의 교육 시스템을 넘어서거나 아우르는 공통 교육과정이 절실하게 필요했습니다. 어느 나라나 그렇듯, 교육의 가장 큰 화두는 대입 문제입니다. 당시 제네바의 교사들이 여러 나라를 이동하는 국제학교 학생들의 대입 문제를 고민하기 시작했고, 처음으로 국제학교의 공통 교육과정을 만들기 시작합니다. 이것이 바로 IB 교육과정이 태어나게 된 배경입니다.

IB는 어느 국가에도 속하지 않고 국제적인 성격을 지니고 있기에, 전 세계에 도입될 수 있는 유연함과 50년 이상의 역사를 지닌 교육과정입니다. 또한 국제기구의 자녀들을 위한 교육과정이기 때문에 자연스럽게 세계평화와 문화 다양성에 이바지하는 인재를 키우는 것을 교육의 최종 목표로 설정하고 있습니다.

1968년에는 IB를 관장하는 비영리 민간 국제교육 단체인 IBO International Baccaulaureate Organization가 공식 출범하고, 6개국 7개교에서 IB 교육과정이 시작되었습니다. 50여 년이 지난 지금, IB는 전 세계 161개국에서 5000개 이상의 학교에서 운영되고 있는 역량 중심 국제 교육과정으로 성장했습니다.

IB 교육이 다른 교육과정에 비해 두드러지는 장점이자 차별점은 개념 이해와 탐구학습 활동을 통한 학습자의 자기주도적 성장을 교육의 목표로 삼고 있다는 것입니다. IB는 '생각하는 힘'의 신장을 강조하는 교육과정입니다. 그래서 평가는 서술형·논술형 절대평가로 실시합니다. 대부분의 수업은 하나의 주제를 선택해 에세이(리포트)나 조사 보고서를 작성하는 형태, 또는 사고력 확장을 위한 발표와 토론으로 구성됩니다.

IB 교육과정의 비전 mission statement은 앞서 언급했듯이, '다양한 문화에 대한 이해와 존중의 정신을 통해 보다 나은, 보다 평화로운 지역사회와 세계를 창출하는 데 기여하는 탐구심과 지식, 배려심이 풍부한 융합인재를 양성하는 것'입니다. IB 교육과정을 거친 학습자는 '탐구하는 사람, 지식이 있는 사람, 생각하는 사람, 소통하는 사람, 원칙이 서 있는 사람,

열린 마음을 지닌 사람, 배려하는 사람, 도전하는 사람, 균형 잡힌 사람, 성찰하는 사람'으로 성장합니다. 이를 IB 학습자상이라고 일컫습니다. 모든 수업과 평가, 교육 활동 등의 교육과정은 IB 학습자상을 실현하는 것을 중심으로 이루어집니다.

IB 교육과정은 초등학생을 위한 PYP Primary Years Programme, 중학생을 위한 MYP Middle Years Programme, 고등학생을 위한 DP Diploma Programme, 그리고 직업 연계 프로그램인 CP Career Programme로 구성되어 있습니다. IB는 교과서를 제공하지 않습니다. 기본 교육 방향과 철학, 그리고 다양한 교육 전략을 제공하지만, 교사의 자율성에 크게 의존하는 교육과정입니다.

물론 교사를 위해 전 세계적으로 동일한 교원 연수 과정을 제공해, 교원의 역량을 높이고 전 세계 교육의 질을 관리하는 것을 가장 중시합니다. 결국 IB 프로그램은 각 나라의 국가 교육과정과 연계해 교사가 스스로 IB 철학과 방향에 맞게 수업을 설계해야 합니다.

IB 교육과정은 교과내용을 얼마나 효율적으로 학생들에게 알려주느냐를 중시하던 교육에서 벗어나 학생들과 함께 대화하면서 깊이 깨달아가는 교육을 추구합니다. 학생들은 지식보다 더 중요한 '배우는 방법'을 배우고, 성적과 관계없이 뛰어난 평생 학습자로 성장할 수 있도록 삶에 필요한 기술과 태도를 터득하게 됩니다.

현재 충남교육의 목표는 '학생들이 배움에 능동적으로 참여하며 학습자 주도성을 키우고, 협력과 상호작용을 기반으로 협력적 문제 해결력 및 창의력 등의 미래 핵심 역량을 키우는 것'입니다. 몇 해 전부터 이런 고민의 결실로 IB학교 도입을 결정했고, 충남형 IB학교 17곳을 지정했습니다. 우리 동성중도 그중 한 곳인 'IB 관심 학교'로 지정되었습니다. 우리 학교 교사들은 자발적으로 모여 IB 프로그램을 연구하고 IB 교육과정 도입과 미래 교육에 대해서 진지하게 고민하고 있습니다.

학생들에게 선물하고픈
교육 시스템

교사가 된 이후 저는 미국에서 경험했던 우수한 교육적 시스템과 교육 방법을 학생들에게도 선물하고 싶었습니다. 동성중학교가 혁신학교에 지정이 되면서 지난 10년간 교사의 자율성이 존중되는 환경에서 근무할 수 있었기에, 내가 꿈꿔온 수업과 평가 방향들을 적용해볼 수 있었습니다. 학교 전반적으로 배움 중심 수업, 학생들의 삶과 연결하는 수업 등을 실천하는 분위기가 형성되어서, 학생들이 직접 말하고 생각하고 프로젝트를 진행하는 수업들을 도입하려고 노력했습니다.

특히 인성 교육을 접목한 영어 수업을 많이 시도했습니다. 자신뿐만 아니라 타인, 지역, 세계, 환경, 그리고 살아 있는 모든 것을 마음에 품을 수 있는 사람이 되는 것과 누구든 자신의 마음속에서 자유롭게 뛰어놀 수 있게 마음을 점점 키우는 것이 개인적 삶의 목표이자 저의 교육철학입니다. 자연스럽게 세계 시민 교육이나 지속가능 발전 교육, 환경 교육을 접목해 수업을 진행한 적이 많았습니다.

아무래도 영어 교과는 학생들이 다양한 세상을 만나도록 돕기에 좋은 과목이어서 여러 분야, 여러 주제와 연결해 수업을 디자인하는 즐거움이 있었습니다. 또한 교사의 가장 중요한 역량은 피드백 역량이라고 생각하고 방과 후 야근을 하면서 학생들의 영작과 수행평가에 모두 피드백을 주기도 했습니다. 하지만 피드백의 양을 어느 정도까지, 어느 깊이까지 주는 것이 맞는지 홀로 고민하며 많은 시행착오를 겪기도 했습니다.

함께 꿈꾸고 실현해가는
아름다운 세상

지난 시간을 돌아보니, 혁신학교의 수업은 IB 수업과 많이 닮아 있고 또 닿아 있습니다. 올해를 마지막으로 우리 학교는 혁신학교의 시간들을 갈무리합니다. 이 시기에 IB 교육과정을 만난 것은 참으로 절묘한 타이밍입니다. 혁신학교의 교육과정도 분명 훌륭합니다. 하지만 IB 교육과정은 혁신학교에서 해결하지 못한 우리나라 교육의 가장 큰 문제인 '평가' 문제를 해결할 다양한 노하우와 비법들을 가지고 있습니다.

  2022 개정 교육과정에서도 학생들의 사고력을 제한하는 '5지 선다형 객관식 문항'과 암기 위주의 단편적 지식 전달 수업의 문제점을 지적하면서 서술형·논술형 문항의 확대와 개념 기반의 교육과정 적용을 강조하고 있습니다. 우리나라에서 이제 도입하기 시작한 교육적 패러다임을 이미 50년 이상 전 세계 160개국 국가에서 실천해오며 발전시켜온 IB

교육과정을 통해 분명 우리 교육이 쇄신하고 발전하는 데 도움을 받을 수 있습니다.

교사로서 IB 교육과정을 도입해 학생들을 깊이 있는 학습으로 이끌 수 있도록 비판적 사고 능력, 질문 능력, 창의적 문제 해결력, 세계적이고 표준화된 수업 평가 역량을 함양하고 싶습니다. 국제적인 교육과정에 대한 이해와 교수·학습에 관한 최신 연구 동향을 파악해 국제적 수준의 개별화 교육을 실현할 수 있는 교사로 성장하고 싶기도 합니다. 우리 아이들이 살아가야 할 급변하고 예측하기 어려운 미래 시대를 정말 준비해줄 수 있는 교육은 교사 및 교육과정의 국제적 협력, 연대 위에서 꽃 피울 수 있을 것이라고 생각합니다.

뿌리 깊은 나무는 가지를 멀리, 넓게 뻗을 수 있습니다. 학생들이 안으로는 자신의 내적 세계를 단단하게 구축하고 삶의 의미를 발견하며, 밖으로는 자신의 선한 영향력을 마음껏 펼치면서 세상에 기여하는 진정 행복한 삶을 살아갈 수 있도록 돕고 싶습니다. 깊이 있고, 의미 있는 양질의 토론식 수업, 탐구 수업, 그리고 논술 과제를 학생들에게 제시하며, 다양한 교육적 경험을 선사해 학생들이 배움의 참 기쁨을 느끼고 자신만의 생각과 세계를 키워 나가며 자신의 강점을 찾아내고 빛날 수 있도록 돕고 싶습니다.

우리 학교는 혁신학교의 경험을 통해 이미 학습자 중심의 수업과 평가 방식의 토대가 단단하게 자리 잡혀 있고, 교사들의 동료애와 연구에 대한 열정이 남다른 학교입니다. 결국 좋은 교육을 만드는 것은 좋은 교사이고, 좋은 교사로 구성된 학교 공동체입니다. 지금까지 우리 학교에서 해왔던 많은 노력 위에 IB를 접목한다면 좀 더 선진화된 체계를 가지고 실질적으로 수업과 평가의 질을 높일 수 있을 것이라고 생각합니다.

또한 작은 세상에서 살아가고 있는 우리 학교 아이들이 세계적인 교육과정의 도입을 통해 자긍심을 느끼고 세계를 마음에 품으며 세계적으로 생각할 수 있도록 돕고 싶습니다. 우리 학교가 혁신학교를 넘어 세계적인 수준의 교육과정을 실현하는 학교로 성장하고 도약하기를 바랍니다.

교육 방식의 변화는 분명 사람을 변화시킵니다. 변화된 사람은 작게는 자신의 주변을, 크게는 세상을 변화시킬 것이라고 믿습니다. 교육을 통해 세상을 아름답게 만들고자 하는 IB의 꿈을 우리 동성중학교도 함께 꾸었으면 좋겠습니다.

어쩌다 보니 혁신학교(IB 관심 학교)를 맞이한 선생님들께

▼

이리나 천안동성중학교 과학교사

'무엇을 가르쳐야 할까'에 대한 고민

저는 혁신학교에 온 지 4년이 된 교사입니다. 사실 제가 혁신학교를 원했던 것은 아니고 여길 와 보니, 혁신학교였습니다. 혁신학교가 뭔지 잘 몰랐습니다. 그냥 선생님들이 수업 준비에 열정적인 걸 보면서 이런 거구나 생각했습니다.

그 당시 저는 학생들이랑 추억을 만들고 신뢰를 쌓으면서 교과서를 열심히 옮겨주는 수업을 했습니다. 감사하게도 참 학생들 복이 많았습니다. 경력이 적다 보니 예뻐 보인 걸 수도 있지만 학생들이 너무 예뻤습니다. 수업 시간에 떠들지 않고 저만 보고 있어도 귀여웠고, 싸우고 화해하고 그러면서 성장하는 모습들까지 그 모든 행동이 기특했습니다.

학생들 덕분에 학교가 즐거웠고 추억을 하나 만들어줄 수 있다면 그래서 행복해한다면 몸이 지치더라도 뿌듯했기에 힘들지 않았습니다. 그래서 수업 준비도 열심히 했습니다. 저는 전형적인 지식 주입식 교육을 받은 학생이었습니다. 그 학생이 교사가 되었기에 교사로 제가 할 수 있는 최고의 수업 방법은 효과적인 지식 전달 수업이었습니다.

저는 열심히 교과서를 따라 만든 학습지를 수업마다 제 공했습니다. 학생들은 40분 동안 저를 따라 편하게 빈칸을 채우고 제가 정한 활동을 하면 되었습니다. 이렇게 수업을 하다 보니 수업이 하루에 다섯 개가 있는 날이면 목에서 피 맛이 났고 가끔 강사가 된 기분이었습니다. 그렇지만 학생들이 졸업 후에 힘들지 않기 위한 방법이 공부를 시키는 것이라고 생각했기에, 방과 후 심화 과정 수업도 만들고 열심히 지식 전달 수업을 진행했습니다.

그렇게 예뻐라 한 학생들이 졸업을 했고 하나둘 찾아왔

습니다. 학생들은 제가 기대한 모습과는 다소 달랐습니다. 그리고 많은 추억을 함께 했지만, 열심히 만든 수업 내용들을 잘 기억하지 못했습니다. 그 과정에서 제 스스로 수업에 대한 불만이 생겼던 것 같습니다. 제가 수업에서 학생들에게 정말 가르치고자 하는 것이 무엇이었나에 대해서 말입니다.

이걸 전부
교사가 하라고요?

2023년에 그 전년도와 같은 학년 수업을 맡았습니다. 학생들은 달라졌지만 작년과 똑같은 수업을 하기는 싫었습니다. 이번 학생들은 자기 생각을 명료하게 말하는 아이들로 성장시키고 싶었습니다. 인터넷에서 다른 선생님들이 올려주신 수업자료들을 참고하면서 수업을 다듬어보려고 시도했습니다.

그러던 중 교내 교수학습 공동체에 참여하는 기회가 생겼습니다. 제가 이 학교로 왔을 때부터 교수학습 공동체가 잘 이뤄지고 있었습니다. 사실 여기 학교에 처음 왔을 땐 교수학습 공동체가 부담으로 다가왔습니다. 같은 교과인 선생님들도 아닌데 같이 모여서 수업에 대해 연구하는 것이 과연 저의 성장에 도움이 될까, 하는 생각이 들었습니다.

그런데 그건 저의 성급한 판단과 편견이었습니다. 모든 선생님이 저와 같은 경험을 하는 것이 아니기에, 모든 선생님이 저와 같은 교과를 가르치지 않기에 우리는 항상 할 말이 많았습니다. 학생 지도부터 교수 방법까지.

이러한 분위기 속에 올해 교수학습 공동체의 주제는 IB였습니다. 처음 저에게 IB는 현실과 동떨어진 너무 이상적인 이야기였습니다. '이걸 전부 교사가 하라고?' 하는 생각이 들었습니다. 혁신학교를 경험해본 저에게도 IB는 교사에게 많은 자율성을 주고, 솔직히 교사에게 너무 많은 것을 바란다고 생각했습니다. '그래서 이걸 어떻게 해?'라는 불만을 가득 품고 시작했습니다. 한 달에 두 번씩 만나면서 IB를 진지하게 들여다봤고, IB가 키우고자 하는 인재상이 저에게 스며들기 시작했습니다.

학생들에게
무엇을 도와줄 것인가

어느 정도 IB를 이해하게 될 때쯤 외부의 이야기를 들을 수 있는 연수 참여 기회가 생겼습니다. 그곳에서 강의를 해주신 강사 선생님께서 이런 이야기를 해주셨습니다.

학생들에게 청소하라고 시켰는데 청소가 안 되어 있었습니다. 그래서 왜 안 했냐고 물어봤더니 청소를 어떻게 하는지 모르겠다고 하며, 도리어 왜 청소해야 하는지 물어봤다고 합니다. 그 선생님은 당황스러웠지만 학생들에게 청소의 과정들을 하나하나 쪼개서 알려줬다고 했습니다. 빗자루는 이렇게 생겼으니까 이렇게 쓸어야 하고, 걸레는 어떻게 세척해야 하는지 하나하나 알려주었으며, 청소에 대한 선생님의 생각과 학생들의 생각을 나누는 시간을 가지면서 학생들의 생활지도를 했다는 말을 들었습니다.

이런 교육 방식이 마음에 들었습니다. 작년에 전기회로 연결 수업 때 인터넷에 있는 가상 실험실 사이트를 이용한 적이 있습니다. 직관적으로 회로 기호가 나타나 있고, 쉽게 회로도를 만들 수 있는 사이트였습니다. 학생들이 사이트를 보면서 손쉽게 조작할 수 있겠다고 생각해 1차시 수업 속 20분 활동으로 수업을 진행한 적이 있습니다.

1차시에 완벽한 학습이 될 것이란 제 생각은 큰 착각이었습니다. 학생들은 회로 기호를 알아보지 못했고, 회로도를 만드는 과정도 어려워했습니다. 그래서 수업을 1차시 더 늘려서 기호부터 기본적인 원리와 방법을 하나하나 말해주었으며, 짝꿍끼리 서로 알려주도록 했습니다. 천천히 수업을 진행하다 보니 학생들은 제가 제시한 회로뿐만 아니라 본인이 호기심을 가진 회로도 직접 만들어보고 결과 값을 예상하는 등 제가 기대한 이상의 모습을 보여주었습니다.

이 수업 활동을 바탕으로 수행평가를 진행했습니다. 수행평가를 끝내고 나가는 학생들이 "선생님, 이런 과학 수행평가는 처음이에요. 수행평가인데 너무 재밌었어요"라는 말을 했습니다. 이때 교과서 방식대로 지식을 주입하는 것보다 학생들이 실제로 수행해보고 궁금증을 해결하는 과정을 스스로 고민해보는 과정에서 성장한다는 것을 느꼈습니다. 동시에 교사로서 저의 역할은 잘 만든 판을 깔아주는 것이 아니라 이런 학생들을 도와주는 것이라는 생각이 들었습니다.

선생님이 하는 모든 활동에는 의미가 있다

많은 이야기를 품은 IB 연수를 다녀온 지금도 IB에 대해 불만이 여전히 많습니다. 교사는 잘 해내야 하는 것이 많습니다. 수업은 당연히 해내야 하는 것이고 수업 중간 쉬는 시간과 수업이 없는 시간에는 행정적인 업무와 학생들 생활지도, 학부모님들과의 관계 유지와 소통 등을 해야 합니다. 그렇다고 마음 놓고 교육 활동을 할 수 있는가? 그건 아닙니다.

교권은 또 어떤가요. 올해 저도 예뻐한 학생들의 선 넘은 가십거리에 제가 오르내렸다는 것을 알게 되었고, 이 직업에 회의감이 들었습니다. 교육 활동 침해는 교직에 있는 모든 선생님이 겪을 수 있는 일이며, 겪어도 모른척하기도 하고 공론화하기를 포기하기도 합니다. 아직은 교사들이 마음 편하게 교육 활동을 할 수 있는 현장이 아닙니다.

상황이 이렇다 보니 교사들은 제일 중요한 수업에서 힘을 빼게 된다고 생각합니다. 업무와 학생, 학부모는 매년 바뀌니 좋으나 싫으나 매년 변화에 적응해야 합니다. 하지만 수업은 제가 조율할 수 있으니 오히려 교사가 업무에 지치고 힘들면 수업에서 큰 변화를 만들기가 현실적으로 너무 어렵습니다.

저는 이 같은 이유로 불만을 토로하고 싶은 것이 아닙니다. 속상하지만 이 불만들은 제가 지금 당장 해결할 수가 없습니다. 법이 만들어져야 하고 제도가 바뀌어야 합니다. 그렇다고 제가 해야하는 것들을 때를 기다리면서 미룰 수는 없습니다. 저의 권리를 우선하기 전에 저의 책임과 본분을 다해야 한다고 생각합니다.

스마트폰만 켜면 정보가 넘쳐나는 시대에 학생들이 살아가기 위해 교사인 나는 무엇을 알려줘야 할까? 내가 그저 지식을 많이 안다는 것이 과연 학생들에게 도움이 될까? 고민합니다. 교사는 단순한 지식 전달자가 아니라고 생각합니다. 많이 안다고 자랑하는 사람도 아닙니다. 교사는 학생들과 만나는 시간을 잘 계획해 자신이 가르치고자 하는 가치를 전달하는 사람입니다.

모든 사람은 가치관이 다릅니다. 같은 사람은 없습니다. 따라서 나라는 교사는 유일합니다. 수업에서는 내가 가치 있게 생각하는 것을 내 전공과목에 녹여내야 하는데, 이건 교과서가 정해주는 것이 아닙니다. 교과서는 가이드를 해줄 뿐입니다. 그래서 내 수업은 그 누구도 만들어줄 수 없고, 그 누구도 좋은 수업이다, 아니다를 평가할 수 없다고 생각합니다. 다만, 교사라는 직업을 가진 사람들은 초등학교부터 대학교까지 16년간 정답이 있는 교육을 받았고, 정답이 있는 임용 시험을 통해 이 자리에 있습니다.

이런 교사들에게 갑자기 교과서를 없애고 수업에 자율성을 준다면? 당황스러울 것입니다. 저도 당장 2학기 교과서 내용을 그대로 하지 않고 어떤 수업을 해야 할지, 뭘 가르칠지 말해보라고 하면 당황스럽고 멍합니다. 하지만 저에게 배운 학생들이 저에게만 배울 수 있는 가치를 갖고 성장할 수 있다면, 진정한 수업에 대해 고민할 이유가 충분하지 않을까 생각합니다.

교사는 누군가의 인생에 한 점을 찍을 수 있는 사람이기에 계속 고민하고 더 나은 사람이 되어야 합니다. 학생들에게 무엇을 가르칠지, 내가 어떤 교사가 될지 끊임없이 고민하는 것이 이 직업을 갖고 앞으로 만나게 될 수천 명의 학생들에 대한 최소한의 책임입니다.

모든 선생님이 저와 같은 조건이 아닐 것입니다. 얄팍한 교사 경력을 가진 제가 옳다고 하는 것도 아닙니다. 이 글은 선생님들에게 하는 말이기도 하지만 저도 이 순간을 잊지 말라고 쓰는 글이기도 합니다. 다만, 저는 이 글을 읽으시는 선생님들과 저에게 이렇게 말하고 싶습니다.

"'자율'을 두려워하지 말자. 선생님이 하는 모든 활동이 의미 있는 활동이고, 그 과정에서 학생들은 어떻게든 성장한다. 선생님은 학생들에게는 유일한 선생님이고, 선생님을 평가할 사람은 본인뿐이다. 선생님은 큰 영향력을 가진 사람이다. 그러니까 그 자리에서 머물러 있지 말고 끊임없이 고민하자. 그걸로 충분하다."

함께 고민하고
함께 성장하는 학교

▼

김명혜 천안동성중학교 수학교사

다른 선생님들의
다양한 수업

제 옆자리 선생님과 저의 다름을 크게 느끼는 시간, 바로 시험 기간입니다. 다른 과목의 시험 시간에 감독을 들어가 그 과목의 시험지를 보고 있노라면, 문득 매일매일 저와는 전혀 다른 내용을 가르치고 고민하는 이 선생님의 하루와 그 사고 방식이 저와는 다를 수밖에 없음을 깨닫습니다.

학생들에게 무엇을 어떻게 새로운 방향으로 가르쳐야 할지에 대한 고민은, 혁신이라는 부담스러움 아래 무엇인가 새로움을 더해야 한다는 부담감으로 더욱 무겁게 다가왔습니다. 이 고민을 하면 할수록 더 혼란스러워지는 시기도 있었습니다.

혁신학교 초기, 서로의 수업을 나누고 공개하는 것이 부담스럽고 힘들었던 때가 기억납니다. 다름을 이해받을 수 있을지, 혹여 비판의 대상이 되지는 않을지에 대한 두려움 때문이었습니다. 수업의 부족함이 드러나는 것이 부끄럽고, 학생들이 혹여 따라오지 못하는 모습을 보이면 어쩌나 두려웠으며, 선생님들의 가벼운 한마디 비판이 주는 상처를 피하고 싶었습니다.

그런데 '다모임'과 '더불어숲' 등을 통해 동료 선생님들과 많은 이야기를 나누고 소통하기 시작하면서 이런 문제들은 자연스럽게 해결되어 갔습니다. 제 수업의 고민과 방향을 나누는 순간, 그것은 더 이상 저 혼자만의 고민이 아니었습니다. 수업 전개 과정에서 사용할 자료에 대한 고민도, 학습지의 구성과 내용에 대한 나눔도, 함께 펼치고 나누니 그것은 이미 우리 모두의 것이 되었습니다.

수업 공개도 더 이상 두려움의 대상이 아니었습니다. 서로 의논하고 공유한 내용들을 펼쳐보고 확인하며, 학생들의 보석 같은 활동을 바라보는 시간이 되었습니다. 다양한 서로의 학습지와 수업을 볼 수 있는 것만 해도 얼마나 큰 살아 있는 배움이 되었는지!

이렇게 우리는 여러 가지 커리큘럼을 경험하고 다양한 커리큘럼이 만들어지는 것을 자연스럽게 공유했습니다. 우리 학교는 무엇보다 혁신학교의 연차가 쌓여가며 서로의 수업을 포용적이고 열린 마음으로 바라보는 분위기가 당연한 것으로 변화되었습니다. 아울러 서로의 수업 연구를 독려하고 격려하는 분위기 속에서 학생은 물론 교사들도 새로운 학습 도구나 방법을 적용해 나갔습니다. 그것의 효과가 좋을 때는 교과의 경계 없이 토론하고 활용해 다양한 내용들을 연결하며 다양한 것에서 다양한 의미를 찾아 갔습니다.

수업에 대한 대화와 공유는 자연스럽게 융합 수업을 구성하는 계기가 되었습니다. 선생님들끼리 단원을 맞춰보고 연결고리들을 찾아 구성해보는 과정에서 한 가지 주제를 가지고 학년 학기 단위의 융합 수업으로 발전시켜 나가는 밑바탕이 되었습니다. 이러한 과정을 통해 우리 학교의 선생님들

은 자연스럽게 자기만의 색깔과 목표가 있는 수업을 만들어
가게 되었습니다.

수학을 하고 수학을 즐기는 시간 –
DO MATH ENJOY MATH

제 수업의 목표는 학생들이 수학을 직접 경험하고 그 과정에
서 즐거움을 느끼도록 하는 것이었습니다. 꼭 교과 내용과 관
련되지 않더라도 주변 환경에서, 삶에서 보는 수학적인 요소
들을 가져와 소개하고 만들어보는 활동들을 하면서 학생들
이 '수학적으로 사고하고 생각하는 행위 자체가 주는 희열과
만족감'을 느끼기를 희망했습니다.

자연스럽게 새로 학습지를 구성하게 되었고, 자료를 찾
고 같은 교과 선생님들은 물론 주제와 관련된 다른 교과 선생
님들과도 융합적인 소재와 내용에 대해 같이 탐색하고 연구
했습니다. 역사 속에서 이차방정식의 발견 과정을 따라가 보
기도 하고, 에서 같은 화가의 작품을 함께 보며 미술 작품 속
에서 수학적인 요소들이 어떻게 활용되었는지 살펴보기도
했습니다.

또한 과학은 수학과 연결되는 아주 익숙한 연결고리이기에 과학과 연계한 수업을 진행했습니다. 수학자이자 과학자였던 인물들의 에피소드를 통해 학생들이 교과 사이의 경계를 잇고, 연결된 하나의 학문과 배움을 이해하고, 그 속에서 수학이 필요한 이유와 활용 방법을 조금이라도 이해하길 바랐습니다.

올해 수업 공개의 3학년 주제는 '열정'이었습니다. 이차방정식 단원과 열정의 연결고리는 수학자들의 오랜 노력과 열정에서 찾을 수 있었습니다. 같은 교과 선생님들과 나눔 끝에 고대 바빌로니아인의 점토판에 기록된 문제부터 알콰리즈미의 이차방정식 문제까지, 수학자들의 열정으로 따라가며 이차방정식을 해결하는 다양한 방법들을 학생들이 한 가지씩 정리해서 풀이해보기로 했습니다. 그리고 2019년에 포셴로 교수(카네기멜론대)가 발견한 평균을 이용해 이차방정식을 쉽게 푸는 방법을 학생들에게 소개하고, 그 방식대로 우리도 풀이를 해보는 과정을 덧붙였습니다.

수학 교과서에는 없는 내용이라 부담이 된 것은 사실이지만, 수학이라는 학문이 지금도 매일매일 새롭게 변화하고 발전되는 것임을 느끼게 해주고 싶었습니다. 같은 교과 선생님들도 꼼꼼히 검토해주셨습니다. 이것은 고대 바빌로니아인들의 아이디어와 16세기 수학자 비에트의 아이디어를 다른 측면에서 바라보아 이차방정식을 쉽게 풀도록 돕는 방법인데 학생들도 금방 따라하며 신기해했습니다.

살아있는 수학을 가르치는 일은 저도 학생들도 즐겁습니다. 늘 의논하고 스스럼없이 나눔 할 수 있는 동료 교사와 함께하는 공동체가 있기에 이 모든 것이 가능하다고 생각합니다.

생각하며 즐기는
파이데이

치열한 전투 현장과 같은 3월이 더 치열한 이유는 바로 3월 14일, 파이데이가 있기 때문입니다. 한 해의 시작 시기에 파이데이 행사를 학교 전체 행사로 꾸며 학생들에게 수학에 대한 관심을 높이는 것은 수학을 즐겁게 느끼도록 하는 최고의 방법이라고 생각합니다. 많은 학교들이 파이데이 행사를 하고 있지만 우리 학교의 특징은 다른 교과 선생님들께서 물심양면 도움을 주신다는 점입니다. 다른 교과 선생님들께서도

▲ '3.14초를 맞춰라'에 참여 중인 수
  석 선생님과 학생들
◀ 파이 암기왕에 참여 중인 학생들의
  진지한 모습

파이데이 행사에 참여한 학생들과 함께

코너를 준비하는 과정부터 행사를 진행하는 부분까지 말하지 않아도 필요한 부분에 크고 작은 도움을 주십니다.

이런 행사의 준비 과정에서도 동료 선생님들의 도움은 감사하며, 학생들과 함께 행사에 참여해주시는 것은 우리 공동체가 지향하는 바이고 더 멋진 풍경입니다. 학생들과 함께 신발을 던져 3.14미터를 맞춰주시는 교장 선생님, 3.14초 타이머를 그 누구보다 흥미 있게 맞춰주시는 수석 선생님, 초코파이를 얻으려고 학생들과 함께 섞여 각 코너를 열심히 체험해주시는 여러 선생님들은 우리 학교의 보물입니다.

위기에 더욱 빛나는
우리 공동체

혁신학교 시기의 한 가운데 코로나가 있었습니다. 4월 온라인 개학이라는 초유의 사태 앞에 출근하여 교무실에서 당황스러운 하루하루를 보냈던 기억이 있습니다. 코로나는 분명 힘든 시기였지만 학습 공동체인 우리 학교의 장점이 가장 발휘된 시기 또한 이때였다고 생각합니다. 오랜 시간 수업 나눔과 다모임으로 다져진 우리 학교 선생님들의 전문성은 코로나 기간에 가장 빛이 났습니다.

누가 먼저랄 것 없이 새로운 온라인 수업에 사용할 플랫폼 사용법을 빠르게 가르쳐주고 배워 나갔습니다. 다른 학교들과 달리 우리 학교에서는 EBS 등의 수업을 그대로 사용하시는 선생님이 많지 않았습니다. 선생님들은 각자의 교실에서 동영상을 차시별로 촬영해 업로드했고, 다양한 동영상 편집 기술을 배웠습니다. 30년차 선배 선생님께서 1년차 선생님께 아이패드로 수업을 녹화하는 방법을 배우며 함께 머리를 맞대고 수업을 만드셨습니다.

자연스럽게 수업에 대한 성찰은 물론 세대 간 소통과 나눔이 이루어졌습니다. 관리자 선생님들은 우리의 수업을 위해서라면 필요한 자원들을 적극적으로 지원해주셨습니다. PPT와 학습지, 판서 위주의 수업이었던 교실이 구글 설문지와 카훗, 패들렛, 띵커벨 등 다양한 온라인 학습 도구 들을 활용한 다양한 수업 형태로 변화되었습니다.

수시로 크고 작은 논의가 자연스럽게 이루어지는 교무실에서 우리는 에듀테크를 빠르게 흡수할 수 있었습니다. 이를 빠르게 흡수하고 적용한 선생님들 덕분에 교실 수업의 단조로움에서 오는 집중력 저하 문제를 보완했습니다. 학습 참여도를 높여, 온라인 수업이었지만 상호작용하며 수업에 집중하는 동영상을 제작해 수업의 효율을 극대화할 수 있었습니다.

교사들 간의 돈독한 관계와 새로움을 겁내지 않는 우리의 개방적인 분위기는 학교에 오지 못하는 학생들에게 양질의 수업을 제공한 것은 물론, 교사 스스로도 전문가로서 발전하고 성장하는 계기가 되었습니다.

소통을 통한
이해와 나눔의 시간

정기적으로 이루어진 배움의 공동체 시간은 이전의 교무회의 시간과는 사뭇 달랐습니다. 단순한 학교 업무 전달은 쿨메시지 등으로 대체되었고, 더불어숲 시간은 오롯이 다른 선생님들과 소통하는 장으로 만들어졌습니다. 학교의 현안에 대해 교장선생님부터 막내 선생님까지 학교의 비전을 함께 공유하고 구체화해가며 자연스럽게 의견을 나누었습니다. 수업에 어려움을 주는 학생 이야기를 나누기도 했습니다. 새로운 수업 방법들을 함께 배우고 나누는 것은 물론이고 선생님한 분 한 분이 돌아가며 주제를 가지고 이야기를 나누기도 했습니다.

우리는 꼭 수업과 학교 이야기만을 나누지는 않았습니다. 성환천을 따라 평택까지 자전거를 타고 달리시는 선생님의 이야기와 사진을 같이 나누며 개인 시간에 대한 이야기를 들을 때에는 마치 한 편의 브이로그를 보는 듯 즐겁고 따뜻했습니다. 선생님의 취미와 좋아하는 음악을 나누기도 했던 이런 시간들을 통해 마음이 열리고 서로를 이해하는 공동체가 되었습니다.

선생님들과의 시간이 쌓이면서 학교에서 부딪히는 문제들이 나만 겪는 어려움이 아니라는 공감대가 자연스럽게 형성되었습니다. 서로에 대한 이해가 깊어지면서 공동체의 분위기는 부드럽고 단단해져 갔습니다. 이러한 소통과 나눔의 시간을 통해 우리는 교사도 하나가 되는 진정한 배움의 공동체가 되었습니다.

즐거운 수학,
새로운 배움의 길

▼

김가영 천안동성중학교 수학교사

수학은 지루하고
재미없다?

중학교 수학 교사로서 학생들이 수학을 포기하는 모습을 보면 항상 안타까움을 느끼곤 했습니다. 학생들이 수학을 단조로운 숙제로만 생각하고 지루하고 재미없는 경험이라 여기는 모습을 보며, 수학을 좋아하지 않더라도 최소한 싫어하지 않게 하려고 노력했습니다.

이를 위해 학생들이 단순히 문제 해결에 그치지 않고, 수학을 더 깊이 이해하고 실제로 활용할 수 있도록 다양한 방식으로 수업을 진행했습니다. 학생들에게 수학이 생활 속 다양한 상황에서 어떻게 적용될 수 있는지를 보여주고, 수학이 지루한 과목이 아닌 창의적이고 흥미로운 도구로 활용될 수 있다는 것을 강조했습니다.

문제 해결 게임: 수학 뒤에는 놀이가 있다!

수학에서 대수 단원은 이해뿐만 아니라 계산 능력도 중요해 반복적인 계산 연습이 불가피합니다. 그래서 수학을 책상에 앉아 단순히 문제 푸는 것으로 제한하지 않았습니다. 대수적 개념을 설명할 때는 알지오매스나 데스모스 등의 수학 교육용 소프트웨어를 활용해 시각적이고 구체적인 이해를 돕고, 게임을 활용해 학생들이 지루하지 않고 재미있게 수학을 경험하도록 했습니다.

특히, 정수와 유리수, 인수분해, 방정식, 함수 등의 계산 연습이 필요한 단원에서는 타지아 퍼즐 만들기, 릴레이 문제

▲ 릴레이 문제풀이 게임

◀ 문제풀이 런닝맨

풀이 게임, 야외에서 달리며 문제를 푸는 런닝맨 게임 등 다양한 게임을 도입했습니다. 다양한 수준의 학생들이 포기하지 않고 참여할 수 있는 수업을 풍성하게 만들었습니다.

실생활을 응용한 수학 수업: 수학이 일상에서 빛난다!

확률과 통계는 실생활에서 가장 많이 활용되는 수학 단원 중

하나입니다. 그래서 이 단원을 다룰 때는 실생활을 최대한 활용하고자 노력했습니다. 실생활에서 궁금했던 주제를 정하고, 다양한 연령과 성별을 대상으로 설문지를 작성해 통계 자료를 수집했습니다. '통그라미'라는 프로그램을 활용해 자료를 시각적으로 정리하고, 학생들과 협력해 통계 포스터를 만들었습니다. 이런 활동을 통해 현실에서 유용한 결과를 도출하고, 이를 수학적으로 반영함으로써 삶의 질을 향상시킬 수

삼각비를 활용한 건물 높이재기

있다는 사실을 학생들에게 보여주었습니다.

또한 삼각비 단원에서는 천체를 관측하기 위해 탄생한 삼각비의 역사적 원리를 활용했습니다. 학생들이 각도기와 자신들의 키를 이용해 건물의 높이를 측정하는 실험을 진행해, 수학의 실용성과 역사적 원리를 체감하도록 했습니다.

수학의 디지털 혁명: 에듀테크와 함께하는 스마트 학습

학생들의 직관적인 이해를 돕기 위해 기하와 함수는 물론 대수 단원에서도 다양한 에듀테크를 활용한 수업을 진행했습니다. 알지오매스를 이용해 도형에서 변수를 조작해 규칙성을 찾거나, 데스모스를 활용해 함수와 인수분해를 게임 형식으로 즐겁게 학습하도록 했습니다. 이러한 디지털 도구들은 학생들에게 맞춤형 학습을 제공하며, 개별 학습 내용을 확인하고 즉각적인 피드백을 받을 수 있게 해 수업 효과를 크게 향상시켰습니다. 학생들은 오답을 바로 수정하고 이해도를 확인하며, 오답을 서로 공유하고 토의하는 활동을 통해 효과적인 학습을 경험했습니다.

또한 노션을 활용해 학습지 제작과 프로젝트 관리에 새로운 접근 방식을 도입했습니다. 처음에는 개인 스케줄 관리에만 사용하던 노션을 총 4차시로 구성된 학습지 제작에 활용했고, 학생들에게 개별 권한을 부여해 일차함수의 기울기를 실생활에서 찾는 프로젝트를 진행했습니다. 이 프로젝트에서는 장애인 경사로의 기울기를 탐구하며, 학생들이 법적 기준을 조사하고 측정해 기울기를 계산했습니다.

노션을 통해 학생들은 외부에서 조사한 내용을 핸드폰으로 즉시 기록하고 업로드할 수 있었고, 교사는 실시간으로

장애인 경사로 측정

학생들의 진행 상황을 확인할 수 있어 매우 효율적이었습니다. 이러한 접근 방식은 수학을 더욱 흥미롭고 실용적으로 만드는 데 기여했습니다. 앞으로도 에듀테크를 활용한 수업을 지속적으로 연구하고 활용할 계획입니다.

수학적 창작물 제작: 수학을 예술로 표현하다!

특히 자유학년제 동안에는 수업을 더욱 풍부하고 동기부여가 되도록 활동 중심의 접근 방식을 강조했습니다. 수학적인 패턴과 기하학적인 형태를 활용해 학생들과 함께 프랙탈을 만드는 프로젝트를 진행했습니다. 이 과정에서 학생들은 복잡한 패턴과 규칙을 이해하며 창의적인 작업을 통해 수학적 사고를 심화시킬 수 있었습니다. 또한 여섯 개의 서로 다른 그림을 만들 수 있는 매직큐브를 학생들이 스스로 제작하도록 해 기하학적 개념과 문제 해결 능력을 실제로 적용할 수 있는 기회를 제공했습니다.

최근에는 학생들이 특히 흥미를 가지는 방탈출 게임을 활용해 더욱 독특하고 참여적인 수업 활동을 도입했습니다.

방탈출 게임을 하면서 학생들은 단순히 문제를 푸는 것을 넘어, 직접 문제를 설계하고 해결하는 창의적인 경험을 할 수 있었습니다. 이 과정에서 학생들은 팀워크와 문제 해결 능력을 기르고, 수학적 개념이 실제 상황에서 어떻게 적용되는지를 실질적으로 경험했습니다. 학년별로 적합한 수학적 문제를 직접 제작하고, 그 문제의 오류를 찾아내는 과정에서 수학적 사고를 발전시키고, 자신의 이해도를 평가하며 교차 검토하는 능력을 기를 수 있는 기회를 제공했습니다.

또한 메타버스를 활용해 방탈출 게임을 체험하고 간단히 제작해보면서 학생들은 디지털 기술과 창의성을 융합하는 경험을 했습니다. 메타버스를 통해 학생들은 가상 환경에서 문제를 해결하며, 새로운 형태의 협업과 학습을 경험했습니다. 이러한 활동은 학생들에게 디지털 기술을 활용한 창의적인 접근 방식을 익히게 하고, 수학적 개념을 더욱 흥미롭고 실용적으로 탐색할 수 있도록 도왔습니다.

수학적 탐험 여행:
수학이 새로운 세계로 이끈다!

학생들이 수학적인 개념을 더 친숙하게 체험하고 탐험할 수 있도록 다양한 도내 수학 체험전에 참여했습니다. 이를 통해 교실에서 연필로만 다루던 수학을 다양한 교구를 활용해 학생들이 수학적인 원리를 직접 체험하도록 유도했습니다. 뿐만 아니라 학생들이 직접 준비하는 교내 수학 체험전에서는 다빈치 다리 만들기, 좌회전 금지 미로, 큐브, 이진법 카드, 칼레

좌회전 금지미로

이도 사이클 등 교과서에 나와 있지 않은 다양한 실생활 속 수학적인 원리를 설명하고 들을 수 있는 기회를 제공했습니다.

학생들은 학교 안과 밖에서 수학이 일상생활에 어떻게 녹아 있는지를 체험했습니다. 다양한 분야와 경험들을 통해 수학은 단순히 지루한 교과목이 아니라 흥미롭고 유용함을 발견할 수 있는 학문이라는 것을 학생들에게 알게 해주었습니다.

이처럼 수업 내외적으로 다양한 활동을 통해 학생들은 수학을 즐기며 배울 수 있었고, 지루함에서 벗어나 수학의 매력을 느낄 수 있었습니다. 앞으로도 끊임없는 도전과 창의적인 방법을 통해 학생들에게 수학을 더욱 친숙하고 흥미롭게 전달할 것입니다.

민주적인 학교 공간 혁신으로
만들어가는 미래 교육

▼

유정웅 천안동성중학교 과학교사

21세기의
19세기 학교

'어! 저기 저곳은 학교인가 봐!' 처음 가보는 지역이라도 학교 건물은 누구나 금방 알아볼 수 있습니다. 외부에서 볼 수 있는 형태가 대동소이하기 때문입니다. 사실 학교 안으로 들어가서 보는 운동장, 교실 등 내부 구조도 크게 다르지는 않습니다.

오랫동안 학교는 공동체 구성원을 체계적인 수단으로 표준화시키는 근대 교육의 산실이었습니다. 근대 국가는 교육과 법을 통한 사회 통제를 통치 원리로 삼았기에 학교의 역할이 무엇보다 중요했습니다. 학교는 미래에 생산 활동을 담당할 학생들을 관리하고 통제하기 위한 장소였습니다. 이후 시대가 변함에 따라 교육 내용과 형태가 변하고, 학생들의 사고방식과 삶의 태도 또한 바뀌었지만 교육 공간은 정말 놀라울 정도로 변화가 없었습니다.

21세기 현실에서 보는 학교는 19세기의 그것과 크게 달라 보이지 않습니다. 이제 미래 교육을 위해 학교 공간은 학생들의 삶의 공간으로 변화해야 합니다. 학습과 쉼, 그리고 놀이가 어우러지는 미래 지향적 공간을 구축하기 위한 학교 공간 혁신 운동 속으로 여러분을 초대합니다.

왜 학교 공간 혁신이 필요한가

인공지능, 사물인터넷으로 대변되는 4차 산업혁명 속에서 기존 지식을 주입하는 형태의 학교 교육은 전 방위적으로 많은 비판을 받고 있습니다. 다보스에서 열리는 세계경제포럼에서는 현대 문명의 급진적 변화 과정에 맞춘 교육의 변화가 필요함을 역설하고 방향도 제시했습니다. 이미 세계 각국은 창의융합형 인재를 미래상으로 설정하고 이를 육성하기 위한 전략과 연구들을 수행하도록 지원하고 있습니다. 주목할 부분은 다양한 연구들에서 기존 교수 · 학습 프로그램 등의 소프트웨어적 혁신과 더불어 공간 시설과 같은 하드웨어의 혁신적 변화도 지속적으로 요구되고 있다는 점입니다.

창의융합형 인재 양성을 위한 교육과정으로 학생 중심 교육과정이 대두되고 있습니다. 학생 중심 교육과정은 핵심역량, 자기 주도적 학습 능력과 다양한 학생 참여형 수업을 강조합니다. 학생의 창의력과 자발성을 이끌어 내기 위해서는 무엇보다도 학교 공간이 이를 뒷받침할 수 있어야 합니다.

콜린 엘러드는 그의 저서 『공간이 사람을 움직인다』에서 사람은 누구나 자연을 동경하고 곡선을 추구하며, 일정 수준의 개인적 시간과 공간을 필요로 한다고 주장합니다. 학생들의 삶과 심리, 행동 특성을 분석해 공간 구조에 적용하는 설계가 필요한 이유입니다.

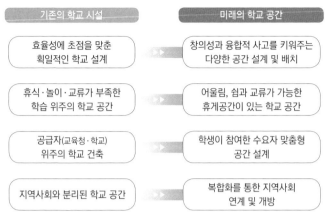

기존의 학교 시설	미래의 학교 공간
효율성에 초점을 맞춘 획일적인 학교 설계	창의성과 융합적 사고를 키워주는 다양한 공간 설계 및 배치
휴식·놀이·교류가 부족한 학습 위주의 학교 공간	어울림, 쉼과 교류가 가능한 휴게공간이 있는 학교 공간
공급자(교육청·학교) 위주의 학교 건축	학생이 참여한 수요자 맞춤형 공간 설계
지역사회와 분리된 학교 공간	복합화를 통한 지역사회 연계 및 개방

[그림 1] 미래형 학교 공간 혁신 (교육부, 2019)

[그림 1]의 미래형 학교 공간 혁신의 방향을 보면 학교 공간의 혁신은 효율성보다 다양성에, 직진보다 쉼에, 공급자보다 학생에, 단절보다 지역 연계 복합화에 초점을 두었음을 알 수 있습니다. 산업화와 신자유주의 물결의 범람 속에 신속성과 효율성은 대한민국 전반에 걸친 키워드였습니다. 구성원의 의견을 반영한 설계보다 표준화된 학교 교실 설계 도면을 더 선호했고, 경쟁 입찰 방식에 따라 저렴한 단가로 교실 공급이 이루어져 왔습니다.

다행스러운 것은 학생 수가 감소하는 현실에도 교육 재

정 투자를 줄이기보다 이제라도 획일적인 학교 시설을 미래 사회에 대응하는 창의적인 공간으로 탈바꿈해야 한다는 공감대가 형성되고 있다는 점입니다.

학교 공간 혁신
어떻게 할 것인가

학교 공간이 변해야 한다는 생각은 대한민국에서 정규교육을 받아본 시민이라면 생각해봤을 법합니다. 구체적인 수준까지는 아니더라도 우리 학교가 이랬더라면 하는 상상을 한 번쯤 해보지 않았을까요. 물론 이런 창의적이고 다양한 생각들이 상상 수준에서만 머무르고 현실에 반영되지 않았지만 말입니다. 사실 논의를 거쳤다고 할지라도 학내 민주주의가 성숙하지 않은 교육 풍토에서는 돌아오지 않는 메아리로 그쳤을 가능성도 큽니다.

기존의 교육 활동은 건축가의 설계 도면에 따라 건축된 학교 시설에 맞추어 이루어졌습니다. 그런데 생각해보면 아이러니 아닌가요? 학교 시설을 실제 사용하는 사람들은 건축가가 아니라 학생, 교직원, 넓게는 학교 공동체가 속한 지역

주민들인데 말입니다. 특히 학생과 교직원은 하루 대부분을 보내는 삶의 현장이 학교입니다.

삶의 공간은 그 공간을 사용하는 사람들의 중지를 모아 만들어가야 합니다. 이것이 바로 학교 공간 혁신의 출발점입니다. 따라서 실제 학교 사용자의 의견을 반영해 교육 활동과 삶을 질적으로 개선하는 방향으로 학교 시설이 변화되어야 한다는 것이 중요합니다. 이를 실현하기 위해서는 무엇보다 학교 공간을 설계하는 단계에서부터 실제 사용자들의 의견을 충분히 반영해야 합니다.

아울러 미래 교육과정의 변화와 혁신을 이끌 주체는 학교의 사용자인 학생, 교직원, 학부모, 지역 사회 주민을 포함해 결성해야 합니다. 해당 학교 교육과정의 혁신과 이를 지원하는 학교 공간이 필요한지, 현재 공간은 그것에 부합하는지, 어떤 부분이 부족한지, 수반되는 공간의 변화는 별도의 예산이 소요되는 공사를 수반하는 작업인지 등의 주요 안건들을 논의하는 공론화의 장을 만드는 것도 필요합니다. 학교는 이를 주관하며 교육과정 혁신, 학습 환경 혁신으로 나아가 건강한 학교 문화 혁신으로 이끌어갈 책임이 있습니다.

학교 공간 혁신의 첫걸음은
민주성을 반영하는 사용자 참여 설계

학교 공간의 실제 사용자가 학생, 교직원 등임은 분명한 사실입니다. 하지만 학교 공간은 공공 건축물이기에 설계 과정에서 고려해야 할 사항이 많습니다. 따라서 구조적 안정성, 공간 디자인 등 건축학적 요소와 학교 교육과정 운영 등 교육적 요소, 구성원의 위시 리스트Wish List 등 생활적 요소를 함께 고려해 학교 시설의 질적인 향상을 도모해야 합니다. 이를 위해서는 각 영역의 길잡이가 되어줄 전문가 그룹이 반드시 필요합니다.

대표적으로 건축이라는 부분은 상당한 전문성을 필요로 하는 영역입니다. 그러므로 학생들이나 건축에 특별한 관심을 갖지 않은 대다수의 성인에게는 쉽게 이해하기 어려운 전문 분야입니다. 여러 가지 요소를 복합적으로 고려해야만 하기에 전문가 그룹이 없는 논의만으로는 상상 수준에서 멈추어버리거나, 설령 실행된다고 하더라도 시간이 오래 걸릴 수밖에 없습니다. 이에 사용자 참여 수업과 전문가 협의회를 지휘하고 운영하며, 전문가와 사용자의 의견을 체계적으로

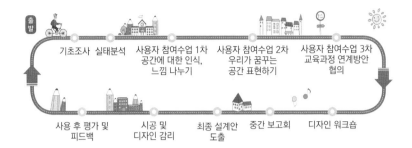

[그림 2] 사용자 참여 설계 프로세스

총괄하고 운영할 학교 건축가와의 협업은 필수적입니다.

실제 사용자 참여 설계 프로세스를 반영한 학교인 천안동성중학교의 사례를 살펴보겠습니다. 천안동성중학교는 2020학년도 학교공간혁신사업 영역 단위 과제를 수행했습니다. 과학과 기술교과를 융합한 상상이룸공작실 조성과 도서관을 중심으로 한 복합문화공간 조성 그리고 음악 교실을 중심으로 한 예술 교과 교실 사업을 진행했습니다.

사용자 참여 설계 과정은 기초 조사와 실태 분석부터 시작합니다. 기초 조사와 실태 분석은 온오프라인 모두를 활용해서 운용할 수 있습니다. 다만 진행 당시에는 코로나19에 따른 특수한 상황이라 전체 구성원을 대상으로 한 기초 조사와 실태 분석은 온라인 플랫폼을 활용해서 이루어졌습니다.

　　다음으로 기초 조사와 실태 분석을 바탕으로 사용자 참여 수업 1차를 진행합니다. 오리엔테이션의 기능도 수행하는 사용자 참여 수업 1차의 캐치프레이즈는 '공간에 대한 인식, 느낌 나누기'였습니다. 학교 공간에 대한 전반적인 인식과 해당 공간에 대한 구체적인 인식을 브레인라이팅 기법을 통해 공유합니다. 그리고 이를 바탕으로 한 위시 리스트를 도출해 설계의 목표를 다함께 인식하는 것이 참여 수업 1차의 지향점입니다.

　　사용자 참여 설계수업 2차는 '우리가 꿈꾸는 공간 표현하기'입니다. 막연한 상상을 건축 전문가와 함께 구체화해 나가는 단계라고 할 수 있습니다. 이 단계에서는 공간에 대한

학교 공간에 대한 전반적인 인식	해당 공간에 대한 구체적인 인식
• 학교 공간이 나에게 주는 느낌은? • 가장 중요하다고 생각하는 곳은? • 가장 자주 가는 곳은? • 가장 바꾸고 싶은 곳은? • 새롭게 생겼으면 하는 공간은?	• 상상이룸 공작실과 복합문화공간 용도 • 각 공간에 대한 느낌의 정도 표현 • 각 공간을 어떻게 바꾸고 싶은지 의견 기록 및 공유

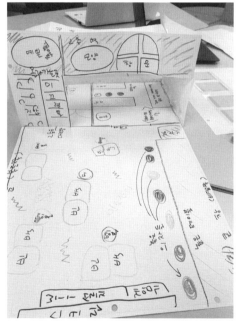

사용자 참여수업 2차
'우리가 꿈꾸는 공간
표현하기'

사례를 우선 나눕니다. 선진 학교의 다양하고 우수한 사례를 소개하고, 벤치마킹할 수 있는 부분들을 모색하는 시간입니다. 이 단계를 넘어서면 실제 꿈꾸는 공간을 모둠별로 이야기 나누면서 모눈종이, 색연필 등을 이용해 글과 그림으로 표현합니다.

1차와 2차의 설계수업을 바탕으로 건축 전문가는 기초 설계 도면을 작성합니다. 이후 사용자 참여 설계수업 3차는 '교육과정 연계 방안 협의' 과정입니다. 건축가의 기초 설계 도면을 보면서 실제 사용자들이 해당 공간을 교육 활동에 어떻게 활용할지를 함께 고민하는 과정입니다.

상상이룸공작실의 경우 좌측과 우측 교실 두 개는 강의, 이론, 토론식 수업을 주로 진행하며, 중심부의 메이커 스페이스는 모둠별 실험 활동, 기 구축된 '창의융합형 과학실'과 연계한 상상이룸교육 활동을 수행하는 공간으로 하자는 의견으로 모아졌습니다. 현재 과학실에 구비되어 있는 '레이저 조각기', '3D프린터'를 다른 교과로도 확산시킬 수 있는 좋은 기회라는 의견들이 다수였습니다.

자유학년제의 다양한 활동과 함께 진로 관련 프로그램도 함께할 수 있다는 가능성도 보였습니다. 여기서 더 나아가

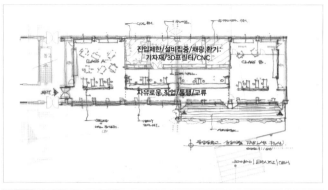

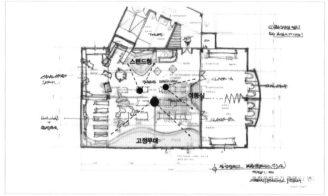

사용자 참여수업 3차 기초설계도면

학교 공간 혁신 프로그램의 확장성을 고려하면, 지역 사회와
연계한 마을교육공동체 프로그램을 개설해 운영하는 것이
필요하다는 의견도 있어 지역 학교와 공간을 공유하며 다양

한 메이커 프로그램을 운영할 예정입니다. 또한 평소에 함께 하지 못하는 부모와 자녀의 교류를 위한 토요 프로그램 '아빠야 놀자'(자녀와 함께하는 DIY 프로그램)를 제공해 가족 간의 화합을 유도할 예정입니다.

복합문화공간은 도서관을 중심으로 주변과 유연하게 연결되면서 교과 간 공간 연계를 통한 창의융합 수업이 이뤄질 것으로 기대합니다. 도면 하단의 무대가 있는 넓은 공간은 학년 단위의 발표회, 미니 음악회, 창의적 체험 활동, 학년 자치 활동 등 학교 교육과정 운영의 기능을 수행할 예정입니다. 도면 우측 클래스 A와 클래스 B의 튀어나온 알코브 공간에서는 모둠별 토의와 놀이 활동이 이뤄질 것입니다. 또한 학교 공간의 개방과 공유를 기반으로 한 마을교육 프로그램 활성화로 문화 인프라가 개선될 것으로 기여하며, 마을 안의 학교가 삶의 중심 공간으로 자리매김 하기를 기대합니다.

3차까지 사용자 참여 수업이 마무리되면 건축 전문가는 좀 더 구체화된 설계 도면을 도출하고, 이를 바탕으로 세부적인 부분을 조율하는 디자인 워크숍이 진행됩니다. 디자인 워크숍에서는 해당 공간의 구체적인 용도, 배선, 색도, 동선을 고려한 가구 선정과 배치 등도 함께 고려합니다. 디자인 워크

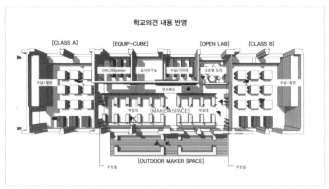

사용자 참여 최종 설계도

숍의 논의 사항을 반영해 수정된 설계도로 중간 보고회를 운영하고 추가 수정 사항을 반영해 최종 설계도를 도출합니다.

'배를 만들고 싶다면 사람들에게 목재를 이리 옮기거나

저리 옮기도록 일일이 일을 지시하거나 일감을 분배하지 마라. 대신 저 넓고 끝없는 바다에 대한 동경심을 키워줘라.'

『어린 왕자』의 작가 생텍쥐페리가 남긴 이 말은 우리가 지향해야 할 교육의 방향을 말해줍니다. 자율적이고 능동적으로 사고하는 창의적인 인재 양성은 좋은 환경과도 밀접한 연관이 있습니다. 넓고 끝없는 바다에 대한 동경심을 키워줄 수 있는 환경 말입니다. 즉 좋은 공간을 경험하는 것 또한 교육이 될 수 있으며, 아이들의 미래를 바꿔놓을 수 있습니다.

학교는 학생, 교사 모두에게 삶을 준비하는 곳이 아니라 삶을 사는 곳이며, 삶을 바꾸는 현장입니다. 현재를 유보하면 미래는 없듯이 현재 공간을 누리지 못하면 미래의 공간도 스스로 만들어 나갈 수 없습니다. 학교 공간 혁신을 통해 만들어갈 미래 학교는 학생들에게는 더불어 만들어낸 첫 번째 미래가 되어야 합니다. 학교 공간 혁신은 결국 배움의 혁신이며 삶의 혁신이기 때문입니다.

마을교육공동체 :
과거, 현재, 미래에 대한 개인적인 생각

▼

이재규 천안동성중학교 음악교사

과거의 기억 –
마을과의 소통은 우리들의 생존을 위해서였다

천안동성중학교에 부임 후 첫 느낌은 이랬습니다. 정리되지
않은, 시설과 환경이 낡아 고치고 있는 학교, 연말이 되어 출
장비를 줄 수 없으니 참고하라는 매우 가난한 학교, 중학교
입학 시즌 선호 학교도 아니고 드센 아이들이 많아서 선배 교
사들의 생생한 현장 무용담을 들었던, 그리고 학교가 없어질

수 있다는 이야기도 살짝 오가기도 했던 그런 학교, 그러나 학교 부임하고 신년 첫 워크숍에서 회의 분위기와 문화가 기존 학교와 같지 않은 희한한 학교(일반 회사 팀별 회의 느낌?).

개인적으로 정말 귀찮고 힘들었지만 우리는 매년 3월 시작과 함께 3개 학년 담임선생님들의 실제 가정상담(탐방)으로 거의 2주간 야근을 해야 했습니다. 하지만 상담 주간이 끝나면 담임교사들과 아이들의 친밀도는 확실히 높아져 있었습니다. 신규 교사들은 학교 주변 마을의 위치와 생김새와 구역을 어느 정도 이해하게 되었습니다. 한 달에 한 번씩 마을 독거노인을 찾아 말벗과 청소봉사를 하면서 마을 골목길 구석구석을 알게 되었고, 정기적인 마을 청소 활동과 매년 마을 축제에 학교 아이들이 적극적으로 참여하기도 했습니다.

마을과의 소통은 주로 관리자분들이 담당했습니다. 사립의 특성으로 동료 교사였던 분이 새로이 교장선생님이 되어 마을 탐방을 위해 자주 나가는 모습도 보았습니다. 학교에서 안 보이던 마을청년회 대표와 마을 클럽, 학교 동창회 회장단도 자주 보이기 시작했습니다. 점차 학부모들 또한 학교 행사에 많은 활동과 도움을 주기 시작했습니다. 이렇게 관리자와 구성원 모두가 열심히 이것저것 노력하며 몇 년 지나니

낡고 가난한 학교 분위기가 조금씩 바뀌어가고 있음을 느꼈습니다. 조금 더 세월이 흐른 후 더 이상 학교가 없어진다는 이야기는 언급되지 않았습니다.

어느새 우리 학교는 주변 비선호 학교에서 선호 학교로 바뀌었습니다. 마을 주민들 사이에도 동성중학교를 인정하는 분위기가 형성되었습니다. 낡았던 시설도 꾸준히 보수하며 가꾸었습니다. 학교가 변해가는 모습에 아이들도 교사도 행복감과 성취감을 느끼고 더불어 자존감도 높아지게 되었습니다. 학교가 발전하고 살아나는 데는 여러 가지 이유가 있겠지만, 그중 큰 부분에 마을과 소통한 결과가 긍정적으로 작용했음은 부인할 수 없습니다. 이렇게 제가 학교에서 막내의 위치로 바라본 마을과의 소통은 학교의 생존과 연결되어 있었습니다.

마을 속 학교?
학교 속 마을?
쉬운 듯 쉽지 않은 마을교육공동체

혁신학교 지정 훨씬 이전부터 우리 학교는 마을과 소통을 중요하게 생각하고 교육과정에 녹여내고 있었습니다. 그래서 마을과의 소통에 필요한 마을교육공동체 구성과 활동에 막막하거나 큰 어려움은 없었던 것으로 기억합니다. 다만 10년 전 혁신학교라는 감투는 마을과의 소통을 조금 더 적극적이고 체계적으로 하도록 고민하게 만들었습니다.

혁신학교 지정 이전에는 학교가 중심이 돼 과목별로, 창의적 체험 활동으로, 동아리별로 각자 기획하고 활동해서 교육과정에 담았습니다. 반면에 혁신학교 지정 이후에는 기존 방법에 더해서 마을과 적극적인 소통을 통해(학교가 요구하기도, 마을에서 먼저 협조를 구하기도 했습니다) 교육과정에 녹여내는 모양과 흐름의 차이가 생겼습니다. 학교 중심의 소극적이고 분별적인 운영에서, 마을교육공동체(민+학)를 구성하고 마을과 적극적이면서 통합적인 소통으로 교육과정을 운영하려는 차이가 있었습니다.

학교가 적극적으로 마을과 소통하려면 신뢰를 쌓기 위해 관리자(교장, 교감)의 역할이 매우 중요함을 확인할 수 있었습니다. 초기 마을교육공동체 활동을 하면서 일반 교사의 말은 영향력이 없다고 느꼈습니다. 관리자(교장, 교감)가 마을교육공동체 활동에 의지가 있는지 없는지에 따라, 또는 마을 대표의 의지 여부에 따라 마을 전체가 움직이기도 학교가 움직이기도 했습니다.

또한 학교 밖에서 생각하는 통념과 사회적 관점으로 보았을 때 결정권이 없는 일반 교사와의 회의는 마을 사람들에게 만족할 만한 의사결정 과정이 될 수 없었습니다. 초기 마을교육공동체 활동이 관리자 중심으로 돌아갈 수밖에 없었던 까닭입니다. 하지만 어느 정도 마을과의 신뢰가 쌓이고 학교 또한 이런 흐름에 익숙해지자 큰 반감 없이 마을교육공동체 구성원으로 수월하게 협조할 수 있었습니다.

현재 성환마을 교육공동체는 주민과 학교(주민자치회, 지역 교육단체+초중학교) 중심으로 많은 소통과 활동이 이루어지고 있습니다. 개인적으로 관官의 소통 활동은 다소 소극적이어서 아쉬운 부분으로 생각합니다.

또 하나의 위기, 천재지변은 마을교육공동체도 피해갈 수 없었다

혁신학교를 시작한 지 6~7년 차에 엄청난 전염력을 지닌 코로나19로 잠시 정상적인 교육과정을 운영하기가 어려워졌습니다. 소통이 중심인 마을공동체는 아무리 온라인 통신과 소셜 네트워크가 있어도 단절되어 갔습니다. 마을은 빠른 속도로 활력이 감소해 갔습니다.

이런 현상은 학교에도 영향을 주었습니다. 천안동성중학교에 대한 예비 중학생(초6) 아이들의 입학 선호도 역시 다시 하락의 조짐이 보였습니다. 엎친 데 더해서 마을의 입학 정원마저 축소 예정이었습니다. 이를 파악한 우리 학교는 마을과 소통이 중요함을 재인식하고 신경을 쓰게 되었습니다.

그렇게 코로나19로 단절된 마을과 학교의 연결고리를 다시 강화할 회의와 방법을 준비하던 중에 한 학부모가 이런 말씀을 하셨습니다.

"마을 사람들이 동성중학교에 한번 와서 보면 학교의 매력을 알 수 있는데, 이런 장점과 매력을 알리는 노력이 필요하지 않을까요?"

이 조언을 수렴해서 학교가 그동안 조금씩 자체적으로 관리하고 가꾼 학교 안팎과 공간 혁신 사업으로 조성된 새로운 시설, 교실을 소개하는 학교 탐방과 상담도 계획했습니다. 2020년과 2021년 코로나19로 사람과의 대면이 비정상적인 상황에서 마을과의 소통(학교공개의 날)은 처참할 정도로 실패로 돌아갔습니다.

방법이 아니라
방향이다

다음 해인 2022년 코로나19 상황이 마무리될 즈음 교육청에서는 마을과 함께하는 축제를 권장하는 분위기였습니다. 우리 학교 교직원들은 매우 피곤한 이벤트로 여겨 대체로 주저하는 듯했습니다. 그러자 관리자가 전년(2021)에 실시한 마을과의 소통과 학교개방의 날을 연계하는 행사를 하자고 아이디어를 내어 이를 실행했습니다.

　　이 행사에는 이전과 다른 변화가 있었습니다. 바로 사람들이 일부러 학교를 찾아오기보다 마을 축제를 이유로 어쩔 수 없이(부담 없이) 학교에 방문해 축제를 즐기면서 학교 화장실과 1층 쉼터를 이용하고 자연스럽게 학교를 탐방하는 분위기를 만드는 것입니다. 이를 통해서 학교를 편하게 생각하고 마을 속에 녹여내도록 했습니다. 행사는 성공적이었습니다. 그 다음 해인 2023년에도 행사가 성황리에 마무리되었습니다.

　　우리가 좋은 결과를 보여줄 수 있었던 것은 문제를 해결

할 때 실적과 방법에 매몰되어 허덕이고 좌절하기보다 방향에 집중했기 때문입니다. 방법보다 방향을 중시하는 문화는 결과적으로 좋은 방법을 생각하게 하는 천안동성중학교 교육공동체의 장점 중 하나입니다. 이는 학교 문화를 개선하고 발전시키는 원동력으로 작용하고 있습니다.

지금까지 주변인으로 시작해 업무 담당자를 거쳐 다시 주변인으로 돌아간 경험자의 기억을 나열했는데, 마을교육공동체에 참여하면서 느낀 아쉬운 점 한 가지를 이야기하고 싶습니다. 마을공동체에서 관의 역할이 조금 더 확대되었으면 좋겠다는 것입니다.

교육공동체는 말 그대로 권한과 활동성의 한계가 있습니다. 예를 들어 교육공동체에서 마을 아이들과 마을 탐방이라도 할라치면 학생들의 안전을 위한 마을 기반 시설의 정비까지도 필요합니다. 위험한 도로의 포장이나 신호등 체계, 시설, 쉼터 등 기반 확충에 관한 것은 민, 학의 영역으로 해결하기에는 한계가 있습니다.

민, 학에서 아이디어와 교육 활동의 운영을 열심히 하려면 지역 읍사무소 또는 시청이나 구청의 지원이 절실합니다. 하지만 민, 학, 관 모두 담당자의 업무 기간이 짧아서(짧으면 1

년. 길이야 2년) 얼굴을 익히다 끝나는 경우가 많습니다. 매년 똑같은 이야기를 새롭게 할 수밖에 없는 분위기도 개선해야 할 부분이 아닌가 합니다.

마을의 미래 –
축소 또는 소멸 위기를 겪는 지방 지역 마을이라는 한계

지금까지 동성중학교는 마을교육공동체로서 마을과 적극 소통하며 교육과정을 운영하고 있습니다. 또한 많은 프로그램 운영과 교육 업적을 이루어 왔습니다. 하지만 현재 사회현상인 초연결 지능 사회는 지구 반대편 나라에 여행을 간 친구가 축구장에서 경기를 관람하는 모습을 영상통화나 유튜브, IPTV 스포츠 채널에서 실시간 24시간 생방송으로 볼 수 있게 합니다.

　이런 사회현상은 결국 2010년 중반까지 인식하고 있던 사회적 통념인 중위 값 평균이라는 개념도 사라지게 만들었습니다. 결과적으로 이제는 한곳으로 몰리는 집중화 현상이 당연하고(주변 맛집에 길게 늘어선 줄 등등) 한쪽 지역으로 인구가 몰리는 현상이 나타나고 있습니다. 인구가 몰리는 쪽이 있으면 그만큼 빠지는 쪽이 있게 마련입니다. 지방 지역 마을이 대부분 인구 감소를 겪고 있습니다.

우리 성환 지역 마을도 학생 수가 감소 위기입니다. 그 이유는 첫째, 성환 지역의 산업 구조가 변해서입니다. 예전에는 농지, 과수원과 거주지가 대부분이었다면 이제는 생산시설, 산업체 창고가 늘어가고 있습니다. 문제는 이런 업체들이 점점 인공지능 자동화를 도입하면서 사람 손이 조금 필요한 산업 시스템으로 넘어가고 있다는 점입니다. 이런 생산시설이 예전처럼 인구 유입 조건이 아니라는 것입니다.

둘째, 성환 마을 기준으로 남, 북으로 차량 15~20분 거리에 신도시가 들어섰기 때문입니다. 천안 아산시와 평택시 주변 등 새로운 시스템과 쾌적함을 갖춘 신도시들이 주변 지역의 아이들과 부모들을 굉장한 속도로 흡수해가고 있는 현실입니다. 이런 조건에서는 아무리 좋은 교육과정과 프로그램이 있어도 가르칠 학생이 없다면 학교도 마을도 사라질 수밖에 없지 않을까요. 당장 학급 감소 위기는 우리의 최대 난제입니다.

발전과 소멸은
자연의 섭리

한 교사로서 마을 축소와 소멸 위기를 바라보는 시각은 안타까움과 어찌할 수 없는 막막함입니다. 마을 소멸은 곧 학교의 소멸을 의미하기에 무거운 마음을 감출 수 없습니다. 한편으로는 자연의 섭리라고도 생각하고 있습니다. 이런 생각의 근거는 1968년 미국 정신건강연구소 책임 연구자인 동물 행동학자 존 B. 칼훈의 실험 결과에 기인합니다.

210제곱센티미터의 방을 하나 만들어 쥐 한 쌍을 넣어두었습니다. 쥐들에게 충분한 음식과 물을 지속해서 제공하고, 쥐를 해칠 천적도 없어 늙어 죽는 것을 제외하고 죽을 이유가 없는 조건으로 그 생태를 관찰했습니다. 암, 수 쥐가 짝짓기를 하자 개체수가 빠른 속도로 증가했습니다. 쥐 출산율은 계속 상승 곡선을 이어갔고, 315일 만에 새끼 660여 마리를 낳았습니다.

그러나 실험 315일이 지난 시점부터 출산율이 줄어들기 시작했습니다. 600일부터는 경쟁이 심화하고, 그 결과 하위 개체 쥐는 부상과 의욕 상실로 짝짓기를 멈추었습니다. 어미 개체는 자식을 돌보지 않는 모성 실종 행동을 보였습니다. 상위 개체 수컷은 주변의 공격과 스트레스로 짝짓기를 멈추었고, 암컷도 출산하기를 꺼려하거나 육아를 포기해 결국 소멸의 길로 들어섰습니다.

대한민국도 실험쥐의 방과 별반 다르지 않습니다. 한국 전쟁 이후 베이비부머 세대의 급격한 인구 증가와 함께 한국 사회도 발전해왔으나 이제는 그 에너지가 끊어져가고 있습니다. 초연결 사회의 사회적 현상으로 지역 사회 축소와 마을 소멸 현상도 관찰할 수 있습니다. 전 지구적으로 봐도 인구 최대 한계치에 다다른 지금 축소와 소멸은 당연한 자연 현상이 아닐까 하는 생각을 해봅니다.

우리가
해야 할 일은?

그렇다면 우리가 해야 할 일은 무엇일까요.

1) 마을이라는 개념과 범위, 마을의 한계를 확장하기
마을이라는 개념을 다시 생각해볼 필요가 있습니다. 보

통 '마을'이라는 단어는 두 가시 의미로 동용됩니나. 첫 번째
는 정겹고 애정이 넘치고 개인의 삶이 녹아 있으며, 미래의
행복과 발전을 바라는 긍정적 마음이 담겨 있습니다. 두 번째
는 내가 활동하는 범위이자 살고 있는 영역의 범위로 매우 협
소한 것을 느낄 수 있습니다. 결국 마을이라는 개념은 '우리'
라는 수식어가 붙더라도 협소하고 개인적인 의미가 강해서
유연함과 확장성이 부족함을 깨달을 수 있습니다.

우리는 이 부분을 개선해 마을이라는 약점을 극복하고
발전과 미래에 대한 지속 가능성의 씨앗을 심어야 한다고 생
각합니다. 앞에서 이야기한 것처럼 소멸과 축소는 자연의 섭
리일 수 있다는 가정 아래 우리는 산업화 시대처럼 인구의 규
모와 양을 기준으로 행복이나 성공의 지표로 삼지 말아야 합
니다. 작더라도 행복한 삶을 살아갈 수 있는 마을을 만들기
위해 우리 모두 노력해야 합니다.

2) 사회적 흐름도 마을과 지역의 약점을 극복하기 위해 움
   직이고 있다
예전에 마을 관련 업무와 혁신학교 업무를 하면서 생각
한 점이 있습니다. 위에서 언급했듯 마을이라는 개념은 범위

가 좁고 유연함과 확장성이 부족합니다. 이런 한계를 먼저 인식해야 우리에게 취약한 마을 축소 문제의 해결 방법을 찾을 수 있을 것입니다.

이와 관련해서 2023년 말 발간된 책 『트랜드 코리아 2024』에서는 '리퀴드 폴리탄'이라는 흥미로운 단어와 개념을 제시했습니다. 유동적 액체(liquid)와 도시(politan)의 합성어인데, 직역하면 '액체 도시'라는 말입니다. 사람들이 정주하는 '고정된 도시'에서 다양한 구성원들이 어우러지는 '유연한 도시'로 도시가 새로운 전환점을 맞이하고 있다는 내용입니다. 이제 도시는 멈춰 있지 않고 지역만의 콘텐츠가 흐르고 라이프스타일에 따라 사람들이 이동합니다. 아울러 그들이 서로 교류하면서 다양한 가능성을 축적하는 새로운 변화가 우리 앞에 펼쳐지고 있다는 내용으로 우리에게 시사하는 바가 크다고 생각합니다.

3) 마을교육공동체에서 우리(학교)가 할 수 있는 일은?

아주 극소수의 경우를 제외하고 일반적인 학교 하나가 마을 인구를 극적으로 바꾸거나, 학교가 주도해 마을 환경을 바꾸어 살고 싶은 마을로 만들 수는 없습니다. 앞서 이야기했듯이 마을의 길을 넓히고, 낡은 아파트를 철거한 뒤 새롭게 짓고, 주변에 번듯한 일자리도 만들고, 번듯한 문화 공연장을 만드는 일은 우리가 할 수 있는 일이 아닙니다.

그렇다면 학교는 무엇을 해야 할까요? 학교의 본질로 돌아가서 생각하면 답을 쉽게 찾을 듯합니다. 학교는 경제 활동을 통해 돈을 벌고 이익을 통해 사회 활동을 하는 곳이 아닙니다. 모두가 알고 있듯이 교육을 통해서 아이들의 미래를 위한 기초적인 역량을 키워가는 곳입니다. 쉽게 말해 가을의 곡식을 추수하는 게 아닌 씨앗을 심고 싹을 틔워 내거나 자라는 싹이 잘 자라도록 가꿔주기까지가 우리(학교)의 일입니다.

그러므로 혁신학교라서, 마을교육공동체의 일원이라서 반드시 마을교육의 범위를 넘어 마을 소멸까지 책임져야 할 부담은 과감하게 버리자고 말하고 싶습니다. 우리가 노력했지만(안 했다면 모르겠지만) 마을 소멸로 학교가 사라지는 것 또한 자연의 섭리 중 하나라는 의미입니다. 그렇다고 마을을 (학교를) 포기하자는 뜻은 아닙니다. 우리는 씨앗을 심는 사람들이므로 방향성을 가지고 아이들이 생각이나 행동을 유연하고 확장성 있게 하는 포용적인 사람으로 자라도록 노력하면 됩니다. 운이 좋으면 마을의 미래가 현재로 바뀌는 날이

오지 않을까 생각합니다.

과거 우리의 역사와 세계사의 기억을 떠올려봅시다. 영토를 확장하는 데 무력을 사용했지만 결국 사회문화를 안정시키고 발전시키는 데 필요한 것은 자금력(돈), 유연함과 포용적인 문화입니다. 영토 확장과 새로운 사람들이 한 문화권으로 들어오면서 다름과 다양성을 인정하고 사회에 녹여내는 게 핵심이었고, 교육이 한몫을 해냈다고 봅니다.

4) 마을공동체(마을교육공동체) 참여자로서 학교가 신경 써야 할 점

① 열린 마음과 열린 공간(폐쇄적인 문화 해소) 그리고 과하지 않는 균형 찾기

과거에도 현재도 학교는 가장 보수적인 집단이며 가장 변화에 둔감하고 폐쇄적인 집단이이라는 사회적 이미지가 있습니다. 어느 정도 공감되기도 합니다. 아마도 학생 안전과 삶의 기준을 배우는 곳이라 그런가 봅니다. 그런데 이상하지 않나요? 가장 변화에 민감하고 새로움과 혁신에 즐거워하는 아이들이 넘치는 곳이 학교인데 보수적이고 폐쇄적이라니

아이러니합니다. 아무래도 아이들과 교사만의 공간을 방해받고 싶지 않은 본능적인 사고와 행동이지 않을까 싶습니다.

하지만 공동체라는 말은 혼자, 끼리끼리를 뜻하는 단어가 아닙니다. 조금 열린 마음으로 학교 아닌 다른 단체와도 협력하고 협조하며, 필요하면 학교 시설을 내어줄 귀찮음까지 감수할 생각을 해야 합니다. 물론 우리 학교는 필요할 경우 협력과 협조가 자연스러워 큰 걱정이 없습니다. 다만 항상 과함이 부족함만 못하다는 격언처럼 방향이 아닌 방법과 실적에 매몰되어 학교의 본분과 교육과정을 해칠 정도의 과한 협조와 협력은 경계하고 지양해야 함을 잊어서는 안 됩니다.

② 마을공동체 활동에 관한 학교의 의지

마을과 소통하고 조정하는 것은 관리자가 전담(책임)해야 합니다. 평교사는 결정권자가 아니어서 무시당하기 일쑤입니다(실제 경험). 같이 모여 회의할 때도 결정과 실행의 효율이 매우 떨어지기 때문입니다. 수업과 아이들 생활지도에 치여 마을까지 생각할 여력이 없는 평교사에게 마을교육공동체를 업무로써 전담시킨다면, 이는 마을공동체와 마을교육에 의지가 없다고 보는 게 맞습니다.

다시 강조하지만 학교가 마을을 바꾸어야 한다는 말도
안 되는 부담에서 벗어나야 합니다. 또한 마을만의 역량으로
는 한계가 분명함을 인정해야 합니다. 소멸의 위기까지 가지
고 있는 마을이라면 더더욱 그렇습니다. 필요하다면 유연함과
포용적 행동으로 마을 밖의 좋은 에너지와 힘을 끌어들일 수
있도록 노력해야 합니다. 세계지도에서 봐도 대한민국은 참
조그만 나라인데 읍, 면, 동 단위에 집착할 필요가 있을까요.

③ 마을공동체 일원으로 경계해야 할 부분

마을을 위한 결정에 마을공동체 또는 마을교육공동체
의 역할도 중요합니다. 다만 몇몇 소수가 사업을 결정하고 이
익을 사유화하는 점은 조심해야 합니다. 이런 문제를 차단하
기 위해서는 모두가 공부하고 노력해야 합니다. 어려운 일입
니다. 보통 그 소수들이 마을에서 정치적 경제적 영향력이 큰
사람들이라 공동의 이익으로 그들도 큰 이익을 볼 수 있다는
설득과 운도 필요합니다.

좋은 예로 더본코리아 백종원 대표가 2023년 봄부터
진행했던 '예산시장 살리기 프로젝트'는 사회적으로 사람들
의 생각을 바꿔주는 중요한 계기였다고 생각합니다. 예산군

청의 역량으로 지금과 같은 결과물은 절대로 불가능함을 대한민국 사람이라면 모두 이해할 것입니다.

④ 고인 물은 썩는다. 큰 변화가 부담스럽다면 조금씩이라도 변화를 줘야 한다

고인 물은 썩습니다. 마을도 학교도 고여 있으면 썩게 마련입니다. 변화에 민감하지 않으면 도태되고 소멸합니다. 그러므로 마을교육공동체와 관련한 마을교육 내용은 해마다, 상황에 따라 내용도 모양도 달라져야 합니다. 누가 먼저 한 것을 그대로 하지 말고, 똑같은 것 말고, 복사 붙이기 말고, 유명 식당 또는 사업체가 성공하듯이 마을교육공동체도 교육 내용도 발전시켜야 합니다.

우리만의 개성과 강점을 찾는다면 마을을 찾는 이들이 늘 것입니다. 마을 사람들의 유연함과 포용적인 생각과 행동은 그들에게 마을의 매력으로 다가갈 것입니다. 무엇보다 살고 싶은 마을을 만드는 것이 인구 증가와 더불어 미래를 꿈꿀 수 있는 길이라고 생각합니다.

5) 결국은 하고자 하는 마음(의지)이다

어떤 일이든 결국 성공과 실패의 결정적인 역할을 하는 것은 하고자 하는 의지입니다. 아무리 좋은 정책과 프로그램이 있어도 운영 주체나 담당자의 의지가 없다면 마을교육공동체는 시간 낭비이자 헛일일 뿐입니다. 저는 우리가 계속 이런 작은 위기감을 느끼면서 학교생활을 해야 한다고 생각합니다. 업무적으로 필요 이상 소모되거나 희생하라는 이야기가 아닙니다. 할 수 있는 선에서 최선을 다해봅시다. 그래서 때때로 어려운 환경이지만 우리 학교가 계속 살아남아 모두가 평화로이 원하는 기간 은퇴할 수 있는 행복한 공간이자 직장이 되기를 기원합니다.

앞으로 어떤 상황으로 마을이 변할지, 학교가 마을에 어떤 영향을 끼칠지 모르겠습니다. 다만 마을교육공동체(민, 관, 학)는 성환 지역의 고유색과 개성을 찾아야 합니다. 더불어 마을의 한계를 정확하게 인식하고 폐쇄적인 문화보다 유연함과 포용적 문화(생각과 행동)의 확장성을 가지고 마을 밖 자원까지도 적극적으로 받아들이는 문화를 만들어가야 합니다.

이런 연습은 어릴 적부터 필요합니다. 마을교육공동체

는 아이들의 뇌와 가슴속에 이런 습관을 각인시키도록 노력
하고, 결국에는 미래가 존재하는 데 이바지할 것이라고 생각
합니다. 우리 마을 속 학교, 학교 속 마을이라는 글처럼 마을
의 역사가 곧 학교의 역사인 것처럼 말입니다.

학생 주도성이 녹아든 융합 수업 : 교과와 교과, 교사와 학생, 학생과 학생

▼

유희수 천안동성중학교 기술·가정교사

제 수업은 'PBL 하브루타로 가정수 UP하자'라는 브랜드명을 가지고 있습니다. 저는 좋은 수업을 하고 싶습니다. "좋은 수업은 민주적인 수업 문화의 틀 아래서 교육 본연의 과제에 기초하여 성공적인 학습 동맹이라는 목표를 가지고 의미의 생성을 지향하면서 모든 학생의 능력의 계속적인 발전에 기여하는 수업이다"라는 힐버트 메이어Hilbert Myer의 말처럼 수업을 통해 학생들이 성장하기를 바라는 교사의 마음이 들어 있습니다.

제 수업은 프로젝트 기반 학습Project Based Learning, PBL 과 유대인의 전통 학습법인 하브루타 질문하기 방법이 적합하다고 생각했습니다. 수업을 시작하며 저는 학생들과 함께 교사와 친구 그리고 수업을 존중한다는 약속을 정하고, PBL 수업과 하브루타 수업 방법에 관해 설명합니다. 학생들은 이 시간이 지나면 가정 선생님과의 수업이 어떨지 짐작하는 듯합니다.

저는 '모두가 행복한 교육공동체'라는 말을 좋아합니다. 2023년 천안동성중학교에서 교사로 가정 교과를 가르친 경험이 저를 행복하게 했습니다. 저는 다른 교과와 융합 수업을 하고 싶다는 생각이 있었습니다. 몇 년 전 자유학기 연계 융합 수업으로 역사 교과와 융합을 해야 했습니다. 저는 2015년 배움의 숲 나무학교 성장교실에 참가할 때부터 프로젝트팀에서 프로젝트 수업에 관해 배우고 있었는데, '역사 교과와 자유학기 연계 융합 수업'을 하라고 하니 너무 반가웠습니다. 프로젝트 수업 방법을 적용하여 멋진 수업을 만들고 싶었습니다. 다른 교사와 함께 하나의 주제를 가지고 수업을 한다는 것에 기대감이 뿜뿜 솟아올랐습니다.

그런데 그 기대는 얼마 못 가 한여름 뙤약볕에 아이스크

림이 녹아내리듯 사라져 버렸습니다. 원인을 찾아보자면 첫째, 코로나19 긴급 상황에서 학생들이 등교하지 못하는 날이 많아 수업할 때 시공간의 제한이 많았습니다. 둘째, 역사 선생님이 너무 바빴습니다. 역사와 사회 2개 교과를 1, 2, 3학년에 걸쳐 3개 학년을 가르친 것으로 기억합니다. 그래서 함께하기 어렵다고 했습니다.

그래서 제가 할 수 있는 저만의 융합 수업을 기획할 수밖에 없었습니다. 옆자리였던 역사 선생님께 2학년 역사 교과 성취 기준을 물어보았습니다. 그리고 역사와 가정 융합 수업에 대한 나의 생각을 설명하고 의견을 물었습니다. 다행히 역사 선생님은 친절한 교사였고, 제가 하고자 하는 수업에 공감하고 응원해 주셨습니다.

저는 역사에 큰 관심이 없었고 잘 알지 못했습니다. 하지만 융합 수업을 위해 역사책을 읽어보고, 연수도 찾아서 들었습니다. '역사에서 찾는 음식 이야기' 직무 연수였습니다. 당시 가정과 역사의 융합 수업에 대한 학생의 성찰은 피드백 자료가 남아 있지 않아서 학생들의 평가를 알 수 없어 아쉽습니다.

저 혼자만의 융합 수업 후 교사로서의 성찰은 한마디로

부끄러움이었습니다. 교사의 전문성이 떨어지면 융합 수업은 성공하기 어렵다는 것을 깨달은 좋은 경험이었습니다. 융합 수업에서 교사 전문성은 중요한 요소입니다. 두 명 이상의 교사가 전문성을 갖추고 준비 단계에서부터 함께한다면 분명 융합 수업의 결과로서 학생의 역량이 드러나는 좋은 수업으로 만들어질 것입니다.

천안동성중에서 2023학년도 2학기에 융합 수업으로 교육과정을 재구성했습니다. 8명의 선생님이 전문성을 발휘하는 기회가 주어졌습니다. 융합 수업을 한다는 말에 설레었습니다. 과거에 실패한 경험을 만회할 수 있겠다는 기대감이 솟아올랐습니다.

학년협의회를 할 때 융합 수업에 관한 주제로 이야기가 오갔습니다. 과거의 경험이 있어서 '될까?' 하는 마음이 한구석에 자리했습니다. 국어, 수학, 과학, 영어, 가정, 역사, 기술 선생님이 '생태를 구조하라 ESG'를 주제로 각 교과의 성취기준을 찾아보고 하고 싶은 수업 내용을 말하며 조금씩 진행되는 것이 가시적으로 보였습니다.

저는 국어 선생님이 '한 권 책 읽기'로 교육과정을 재구성한다는 말을 듣고 다섯 권의 책 중 네 권을 빌려서 읽어보았습니다. 학생들이 수업 중 읽는 책을 함께 읽으면서 학생의 국어 수업에 동참하는 기분이었습니다. 이 책들은 가정 수업 내용이었던 '지속가능한 식생활'과 연관된 것이었습니다.

과학, 역사 선생님들도 교육과정을 재구성했고, 기술 선생님은 미세먼지를 측정하는 기구를 만드는 수행평가를 진행했습니다. 그리고 가정 조리 실습 시간에 미세먼지를 측정하는 융합 수업으로 수업을 디자인했습니다. 저도 지속 가능한 식생활을 단원명으로 수업 내용을 재구성했습니다. 재구성한 수업 내용은 아래와 같습니다.

1차시 : 지속가능한 식생활은 (　)이며, 그렇게 생각한 이유는?

2차시 : 아침 식사 섭취 여부 설문조사 후 결과 공유

3차시 : 나의 하루 식단 분석하고 성찰하기

4차시 : 청소년 식생활 지침 세우고 발표 및 전시하기

5차시 : 시대 변화와 지속가능한 식생활 탐구(밀키트)

6차시 : 모둠 구성하고 모둠에서 조리실습 밀키트 선정하기

7차시 : 밀키트 회사에 질문하기 1

8-9차시 : 밀키트 조리 실습 및 염도, 당도, 미세먼지 탐구 활동

10차시 : 보고서 제출 및 실습 후 밀키트 회사에 질문하기 2

오늘 아침을 먹었나요?		챠트
응답	응답수(%)	
예	102(50.2)	
아니오	101(49.8)	

〈천안동성중 학생 아침 식사 섭취 여부 조사 결과〉

학생들 중 절반은 아침을 먹지 않았습니다. 청소년기에 아침 결식은 전국적인 문제라고 할 수 있습니다. 천안동성중 학생들도 예외는 아니었습니다. 예상은 했으나 실제 수치로 보니 현실감이 느껴졌습니다. 4차시에 청소년 식생활 지침을 세우고 전시했는데 이름으로 자기가 드러나는 것을 꺼려하는 것이 보였습니다. 그래서 학번은 적되 이름 대신 게임 아이디로 적으라고 했습니다. 학생들은 키득거리며 게임 아이디를 적어 제출했고 결과물을 복도에 전시했습니다.

밀키트를 수업에서 사용하는 것에 긍정적인 확신이 들

활동 내용 : 2023년 나의 식생활 지침 6가지

활동 방법: 수업을 통해 자기 식단을 분석한 결과를 토대로 식생활 지침 6가지를 정하고 실천한다.
참고 - 제출하는 모든 활동지의 글씨는 알아보기 쉽게 또박또박, 적당한 크기로 적도록 합니다.

1	아침에 건강하게라도 꼭 먹기
2	무엇을 먹든 편식하지 않기
3	과자나 빵을 먹는 양 줄이기
4	물 섭취량 늘이기
5	채소 더 먹기
6	유제품, 유지류 섭취량 늘이기

활동 내용 : 2023년 나의 식생활 지침 6가지

활동 방법: 수업을 통해 자기 식단을 분석한 결과를 토대로 식생활 지침 6가지를 정하고 실천한다.
참고 - 제출하는 모든 활동지의 글씨는 알아보기 쉽게 또박또박, 적당한 크기로 적도록 합니다.

1	국 채소 다 먹는다
2	매일 우유 한 컵 마신다
3	음식은 위생적으로, 짧은 안쪽을 준비한다
4	아침밥을 거르지 않고 먹는다
5	단것을, 가공된 것을 대신 물을 자주 마신다
6	다양한 식품을 섭취한다

활동 내용 : 2023년 나의 식생활 지침 6가지

활동 방법: 수업을 통해 자기 식단을 분석한 결과를 토대로 식생활 지침 6가지를 정하고 실천한다.
참고 - 제출하는 모든 활동지의 글씨는 알아보기 쉽게 또박또박, 적당한 크기로 적도록 합니다.

1	아침밥 먹기
2	나물 많이 먹기
3	일주일에 2번 이상 우유 먹기
4	물 하루에 1.5L 마시기
5	간식 하루에 2끼면 먹기
6	성 배고 밥 줄이기 않기

기까지 시간이 걸렸습니다. 그
러나 자료를 찾던 중 식문화의
시대 변화가 뚜렷하고 특히 배
달음식의 성장과 가정간편식의
성장이 두드러지고 있다는 자료
들이 눈에 띄었습니다. 가정간
편식 중에서도 밀키트 사업이
급성장했습니다. 그래서 밀키트
조리실습 및 염도와 당도 미세
먼지를 측정하는 탐구 활동으로
진행하게 되었습니다.

지속가능한 식생활   천안동성중 2학년
요리실습 및 탐구활동

08:30	1. 앞치마두르기 ─ 모둠원 다같이 사진찍기
	**교사의 안내사항 경청하기
08:40	2. 손 씻기 ─ 라텍스 장갑 있음
	3. 냉장고─밀키트꺼내기
	4. 햇반 챙기기
	** 모든 식품포장지 모아서 사진찍기
08:45	5. 미세먼지측정하기 ─기록하기
	6. 씻기 ─ 냄비에 물 정확한 양 채우기
08:50	7. 가스불 킨 후 미세먼저 측정하기
	8. 요리하기─담당자 불앞 지키기
09:10	9. 요리가 끝나면
	염도. 당도. 미세먼지 측정 후 기록하기
09:15	10. 식탁정리하기 ─ 상차리기
09:20	11. 교사에게 국물 반컵 제출하기
09:35	12. 상차림 확인 받은 후 앉아서 시식하기
	13. 설거지하기
09:40	─모든 그릇 물기 제거하며 박스에 넣기
	14. 식탁과 의자 점심대형으로 재배치하기
09:45	15. 박수로 실습 마무리하기

─안전하게 탐구하며 요리하고 맛있게 먹자 ─

밀키트 조리시 염도, 당도,
미세먼지 측정

그뿐 아니라 2개 학년 210
여 명의 실습비로 예산이 100만
원 잡혀 있었는데 이것저것 생
각하면 좀 부족하리라 생각되었
습니다. 실습 당시 학교에 독감
환자가 많이 늘어서 실습을 진행해야 할지 교감선생님과 상
의를 해야 할 정도로 상황이 걱정스러웠습니다. 게다가 가사
실을 급식 시간에 식당으로 사용하고 있어서 급식 시간을 피

해서 아침 일찍이나 저녁 늦게 실습시간을 잡아야 하는 어려움도 있었습니다. 3년 정도 코로나19로 조리실습을 할 수 없었던 탓에 실습 도구 등도 준비되어 있지 않아서 모든 상황을 미리 꼼꼼하게 살펴야만 했습니다.

실습을 해야 할까, 말아야 할까를 고민할 때마다 학생들은 무엇을 원할까를 생각했습니다. 결론은 조리실습을 원하리라는 것이었습니다. 선생님 몇 명이 조리실습을 하면 교사가 힘들다는 말로 우회해서 저를 격려해 주셨습니다. 다른 선생님들의 관심과 격려가 저에게는 힘이 되었습니다. 문제가 있으면 선생님들과 상의했고 해결해 갔습니다.

첫째, 필요한 예산은 배움 중심 교과 수업 활동 예산에서 지원을 받았습니다.

둘째, 행정 실무사님의 도움을 받아 시간표를 변경했습니다. 2학년 실습 시간을 모두 1교시로 잡아 하루에 한 반씩 5개 반을 월요일에서 금요일까지 진행하는 것으로 했습니다. 아무래도 1교시 한 시간, 45분으로는 부족할 듯해 학생들과 문제점을 공유하고 의견을 수렴하여 8시 30분부터 실습을 진행하기로 했습니다. 학생들이 시간을 지켜 등교하기가 쉽지 않았을 테지만 아무도 짜증을 내지 않았습니다. 한 명이 멀리서 오느라 차 시간을 맞추기 어렵다고 말했는데 "그럼 너는 늦게 와도 돼"라고 하자 괜찮다고 했습니다. 그 학생은 실습 당일에 다른 학생들보다 일찍 와서 기다려 주었습니다.

셋째, 유행하는 독감 때문에 보건 선생님의 지원을 받아 마스크를 착용하게 하고 위생과 안전 지도에 힘썼습니다.

넷째, 미리 학생들의 도움을 얻어 그동안 사용하지 않았던 실습 도구를 꺼내 깨끗이 설거지를 했습니다. 이 과정에서 몇 명 학생들의 뛰어난 봉사정신은 나의 짐을 한결 가볍게 했습니다. 3년 묵은 도마의 오염물을 수세미로 박박 씻던 학생의 모습이 아직도 선명합니다. 고맙습니다. 자기 일도 아닌데 나서서 힘을 써주니 고맙습니다. 봉사시간을 주지 못해서 아쉬웠습니다.

학생들은 밀키트로 조리실습을 한다고 했을 때 처음에는 믿지 못하는 눈치였습니다. "정말로요?"하고 되물었습니다. 각 모둠에서 밀키트 중 무엇을 선택할지 검색하며 자신이 무엇을 좋아하는지 의견을 나누었습니다. "나는 마라탕이 좋아"라고 먼저 자신이 좋아하는 음식을 선전 포고하듯 말하는 학생도 있고, 매운 음식을 못 먹는다는 친구 말에 "매운 거 말고 다른 걸로 정하자"는 말도 들려왔습니다. 아래는 모둠원의

학번 이름	내가 선택한 밀키트	선택 이유	모둠 선정 밀키트
2405 이○○○○○○	칼칼한 김치찌개	김치의 아삭한 식감과 국의 적당한 매운 정도가 좋아서	
2404 민○○	소곱창전골	한 번도 안 먹어봐서	소곱창전골
2413 박○○	소불고기전골	푸짐하게 먹고 싶어서	
2414 박○○	오삼겹된장찌개	고기랑 된장찌개가 들어간 점이 좋아서	

〈모둠 선정 밀키트 2-4반 사례〉

밀키트 선택 이유를 적은 학습지의 일부입니다.

한 반에 4명씩 5개 모둠, 5개 반 25개 모둠이 정한 밀키트를 근처에 있는 대형 마트에서 교사가 구입하는 것으로 했습니다. 안타깝지만 학생이 선택한 밀키트가 품절이거나 매장에서 취급하지 않는 것은 교사가 임의로 선택하겠다고 말했고, 2개 모둠이 학생이 원하는 밀키트가 아니었던 것으로 기억합니다. 유감스럽지만 그래도 학생들은 아무 불평 없이 조리했습니다. 어쩔 수 없는 상황을 이해하는 기특한 녀석들입니다.

실습을 하며 3학년 A학생이 눈에 들어왔습니다. A학생은 가정 수업 첫날 엎드려 있던 학생으로 기억합니다. 수업 시간에 관심을 두고 살펴보던 중 어느 날 칠판에 써놓은 한자를 보았는데 잘 쓴 글씨였습니다. 그래서 "이거 누가 썼냐? 정말 잘 썼다"라고 칭찬했습니다. 학생들은 A가 썼다고 알려주었습니다. A학생이 중국에서 왔다고도 했습니다. 제 기억에 그때부터 A와 제가 서로에게 nothing이 아닌 something이 되었다는 생각이 듭니다. 저의 착각일 수도 있습니다만……

A는 밀키트 조리실습 시간에 자립적인 자세로 빛을 발휘했습니다. 실습 전날 저를 찾아와서 "제가 실습 재료를 따로 가져와도 될까요?"라며 허락을 구했습니다. 저는 선뜻 그래도 된다고 했습니다. 물론 먼저 교사에게 보여주어야 한다고 말했습니다. 위생과 안전을 고려한 말이었습니다.

실습 당일 A학생은 '기름, 고추, 정향'을 가져와서 보여주었습니다. 의도한 상황은 아니었으나 그 반에서 A학생 모둠과 똑같은 밀키트로 조리하는 모둠이 있었습니다. 그 음식은 '마라탕'이었습니다. A학생이 포함된 모둠에서는 A의 주도(이렇게 주도적이고 리더십이 있는 학생인 줄 처음 알았습니다) 아래 마라탕을 조리했습니다. 삶아낸 재료들 위로 마른 매운 고추와 정향을 손으로 으깨어 올려놓고 그 위로 끓인 기름을 뿌렸습니다. 시간이 많이 걸리는 조리 방법으로 보였지만 서두르지 않도록 안심시켜야 했습니다.

"시간은 부족하지 않아. 걱정하지 말고 안전하게 주의해서 조리해."

말과는 달리 너무 늦어질까 봐 걱정하긴 했습니다. 학생들이 눈치를 챘던 것인지 모둠원들도 불평 한마디 하지 않고 시간 안에 사고 없이 끝이 났습니다. 또 다른 한 팀은 똑같은 마라탕을 주어진 레시피대로 조리했습니다.

저는 신이 났습니다. 두 모둠이 똑같은 재료를 가지고 조금 다른 방법으로 만든 마라탕의 맛 차이가 어떨지 궁금했습니다. 두 종류의 마라탕을 가지고 교무부장에게 갔습니다. 맛을 봐달라고 부탁했습니다. 학기 말 교무부장으로서 그 바쁜 와중에 맛 평가를 해달라는 제 부탁을 거절하지 않고 흡사 요리 고수처럼 맛을 보고 평가해주었습니다. 하나를 맛보고 다른 하나를 맛보기 전에 물로 입을 가시던 모습이 멋있었습니다.

교무부장은 레시피대로 만든 마라탕은 "생각하는 바로

▲ 레시피대로 조리한 마라탕
과 A학생의 마라탕

◀ 맛을 평가하는 교무부장선
생님

그 맛, 맛있는 맛"이라고 했습니다. 그리고 A학생 모둠의 마라탕은 '맑은 맛', '건강한 맛'이라고 평가했습니다. 자기보고 무엇을 먹고 싶으냐고 묻는다면 A학생 모둠이 만든 마라탕이라고 말했습니다. 제가 맛봐도 A학생의 마라탕이 더 맛

있었습니다. A학생이 최고의 요리사처럼 집중해서 만든 그 마라탕이 더 맛있었습니다. 맛있게 매운맛이었습니다.

저는 수업을 하며 학생 주도성에 대해 관심을 두고 있습니다. GSPBLGold standard PBL의 필수 요소 중 하나가 학생의 의사와 선택권인데, 바로 학생 주도성과 관련이 있습니다. 저는 학생 주도성이 발현되는 것을 볼 때 신납니다. A학생은 대학을 졸업하고 고향인 중국으로 돌아갈 수도 있다고 했습니다. 가정 조리실습을 하면서 발휘된 학생 주도성이 고등학교에 가서도, 자신의 인생에서도 빛을 발하기를 기대합니다.

2개 학년 모두 무사히 조리 실습을 마쳤습니다. 그리고 2학년 융합 수업도 끝났습니다. 국어, 기술, 가정 교과의 융합, ESG를 주제로 하는 주제 중심 통합 수업, PBL에 녹아든 성취 기준, 핵심 역량이 빛을 발휘했습니다. 저만의 생각일 수 있지만 학교 전체가 들썩였다고 봅니다. 교사와 학생 모두 행복한 날들이었지 않았을까 생각합니다.

천안동성중에서의 2023년 교사 생활은 행복했다고 할 수 있습니다. 다만 아쉬운 점이 있다면 융합 수업을 기획하는 단계에서는 교사들이 여러 번 만나서 얼굴을 맞대고 공감하며 소통하는 시간이 있었습니다. 그런데 학기 말의 바쁜 여러

2-4반 지속가능한 식생활 탐구활동 - 식품포장지 사진

일들 때문에 피드백을 나눌 시간이 부족했습니다. 이 글을 쓰고 있는 이 시간이 저만의 피드백 시간이라는 생각이 듭니다.

지금은 가정 수업 결과물을 가지고 학교 밖 전문가(식품회사)와 소통한다는 색다른 도전을 하고 있습니다. 밀키트 회사에 질문할 내용을 실습 전과 실습 후로 나누어 받았는데, 실습 전후로 학생의 질문이 다르다는 것을 확인할 수 있습니다. 실습 후에는 좀 더 구체적이고 실제적인 질문들이 많았습니다. 그리고 실습 후에는 염도와 환경에 대한 제안 글이 눈에 띄었습니다.

저는 질문과 제안 글을 정리했습니다. 수업 결과물을 학교 밖 전문가(식품회사)에게 보내려고 계획하고서도 실제 진행될 것이라고 확신하기 어려웠습니다. 이것을 교장선생님께 말씀드렸을 때 공문으로 전하는 것이 좋겠다고 조언을 해주셨습니다. 그래서 공문으로 보냈습니다. 아래는 그 내용입니다.

제목 2023학년도 학교 밖 전문가에게 보내는 질문 및 제안

(2, 3학년 가정수업 결과물)

1. 관련: 천안동성중학교 2023 교육과정
2. 2023학년도 가정 수업〈지속가능한 식생활〉단원에서 '밀키트 조리 실습 및 탐구활동'을 통해 가지게 된 학생의 궁금한 점과 지속가능한 식생활을 위한 학생의 제안을 정리하여 식품회사 전문가에게 보내고 답변을 듣고자 합니다.
3. 받는 사람: 서울특별시 중구 ○○○○○. ○○○ 밀키트 담당자
4. 전화번호 : ○○○본사 02-○○○-○○○○
5. 수신메일 : ○○○○○@hanmail.net

붙임: 식품회사에 보내는 질문 및 제안

	질문 및 제안	비고
밀키트 실습 전 질문	1. 어떤 계기로 밀키트 사업을 하게 되었나요?	
	2. 플라스틱 소비량은 어느 정도 되나요?	
	3. 밀키트 하나가 팔릴 때마다 얼마의 순수익이 나오나요?	
	4. 포장지가 여러 겹인 이유가 있나요?	
	5. 소비 기한이 지나면 어떻게 폐기하나요?	
	6. 새로운 제품은 어떻게 만드나요?	
	7. 한 달에 얼마나 많은 밀키트가 팔리나요?	
	8. 식자재를 선정할 때 선정 기준이 무엇인가요?	
	9. 환경 오염을 막기 위해 어떤 점을 노력하시나요?	
	10. 포장재를 친환경 제품으로 대체할 수 있나요?	

11. 비건으로 만든 밀키트가 있나요?

12. 각 재료의 1인분 분량을 어떻게 맞추나요?

13. 플라스틱 포장재를 다른 포장재로 바꿀 의향이 있으신가요?

14. 재료의 신선도를 어떻게 관리하나요?

15. 밀키트가 상품화되는 기준이 무엇인가요?

16. 제일 많이 팔리는 밀키트는 무엇인가요?

17. 레시피는 어떻게 정하나요?

18. 유통기한을 정할 때 어떻게 정하나요?

18. 왜 밀키트 회사를 시작하게 되었나요?

20. 새벽 배송으로 택배기사 과로사 문제가 있다고 하는데 어떠신가요?

21. 야채를 개별 포장하는 이유는?

22. 밀키트를 만드신 분은 자주 밀키트를 드시나요?

23. 국물 빼고 내용물을 한 번에 포장할 순 없나요?

실습 후 질문 및 제안

1. 추후 밀키트 사업의 상승세가 하락세로 바뀐다면 언제로 예측하시나요?

2. 달고나, 팬케이크 같은 디저트 밀키트를 제작하실 계획이 있으신가요?

3. 레시피대로 조리할 때 염도가 높은 이유가 있나요?

4. 밀키트의 염도와 당도를 기록하여 판매하는 것은 어떤가요?

5. 밀키트 재료를 하나에 담아 포장지를 줄이면 좋겠어요.

6. 마라탕 밀키트에 재료를 더 푸짐하게 넣어주세요

7. 밀키트 조리 시 염도를 조질하는 방법을 레시피에 적어
   주세요.
8. 봉지를 많이 사용하지 말고 플라스틱으로 칸을 나누면
   좋겠어요.

천안동성중학교 2,3학년의 가정교과 수업인 '밀키트 조리실습 및 탐
구활동'을 통해 갖게 된 질문 및 제안을 학교 밖 전문회사에 교사와 학
생대표의 이름으로 질문을 드립니다.

담당교사 가정 : 유○수
학생대표 : 3503 박○미
         3505 이○정
         3513 박○태
         3521 한○민

　　방학 후에 기안을 올릴 것을 예상하고 미리 학생 대표들
의 사인을 받아놓았습니다. 질문을 정리하고 학교 밖 전문가
에게 쓰는 편지를 함께 고민한 학생들입니다. 학교 밴드를 통
해 학생들과 결과를 공유할 수 있을 것입니다. 3학년이 되는
학생들과는 수업을 통해 결과를 공유하고 더 나은 지속가능
한 식생활 수업을 계획할 수 있을 것이라 기대합니다. 'PBL
하브루타로 가정수 UP하자.' 앞으로의 수업도 기대됩니다.

본바탕의 시대,
수업 혁신을 말하다

▼

홍기현 천안동성중학교 도덕교사

'본바탕의 시대'에
대하여

2024년 MBC 연예대상. 저는 이맘때쯤이면 으레 틀어주는 시상식 프로그램을 시큰둥하게 보고 있었습니다. 그런데 시상식 말미에 제 귀를 의심케 한 깜짝 놀랄 소식이 하나 있었습니다. 연예계 최초로 비연예인이 연예대상을 받게 되었다는 소식이었습니다. 그리고 그 비연예인이 웹툰 작가인 '기안

84' 씨라는 것을 듣고, 저는 참 많은 생각이 들었습니다.

그는 비연예인인 데다가 그동안 연예대상을 수상했던 사람들의 전형적인 모습을 닮지도 않았습니다. 그는 밥을 먹다가 김칫국물이 옷에 튀면 길가에 눈을 주워 쓱쓱 문지르고 말아버리는 엉뚱하고 수더분한 사람이면서, 가식이나 꾸밈이라고는 없는 '날것'이라고 불리는 사람이었습니다.

기안84의 더듬거리는 수상소감을 들으면서 많은 생각이 들었습니다. 그의 어떤 면이 사람들을 열광하게 했을까, 무엇이 그를 인기의 정점에 오르게 했을까를 계속 고민했습니다. 저는 이 시대가 또 한 번 일렁거리고 있음을 느낄 수 있었습니다. 바야흐로 '본바탕의 시대'가 온 것입니다.

공자는 일찍이 '본바탕'에 대해 다음과 같이 말했습니다.

"본바탕이 외관을 이기면 촌스럽고, 외관이 본바탕을 이기면 겉치레만 하는 것이니, 본바탕과 외관을 적절하게 배합한 후에야 군자이다."

(『논어』, 「옹야」 16편)

공자 말씀에 따르면 사람에게는 내면, 마음이라고 불리는 본바탕이 있고, 외모나 절도에 해당하는 외관이 있습니다. 사람이 선하고 따뜻한 마음의 본바탕이 있더라도 단정한 외모와 예법이 따르지 않는다면, 그 사람은 왠지 촌스럽게 여겨집니다. 반대로 외모가 멀끔하고 예절에 합당하게 행한다고 해도, 그 내면에 악하고 방자한 마음이 가득하다면 말끔한 외관도 소용이 없습니다. 그래서 공자는 이 둘이 적절하고 조화를 이루어야 함을 강조한 것이지요.

그런데 생각해봅시다. 기안84 씨는 이 둘이 적절하게 조화된 사람일까요? 방송에서 나타나는 모습만 보면 그는 '촌스러움'에 가까운 사람입니다. 방송에 출연하면서도 로션도 제대로 바르지 않고, 음식을 먹을 때나 여가를 보낼 때도 품위, 절도와는 거리가 멀지요. 그렇다고 말을 유려하게 하거나 예쁘게 하는 것도 아닙니다.

그런데도 사람들은 그가 타인과 관계를 맺는 방식에서 늘 존중과 애정이 드러나고 있음을 칭찬합니다. 이는 위에서 말한 대로 한다면 본바탕이 외관을 이긴 것입니다. 사람들은 그것을 촌스럽게 여기는 것이 아니라, 오히려 상을 주며 칭송하는 것입니다. 저는 연예계의 이런 혁신적인 행태가, 우리네

수입 혁신에도 하나의 힌트가 될 수 있겠다는 생각이 들었습
니다.

수업 혁신과
본바탕의 중요성

저는 올해 혁신학교에 처음 들어왔습니다. '참 이것저것 낯설
다' 싶은 한 해였습니다. 그중에서도 가장 낯설었던 단어 중
하나가 '수업 혁신'이라는 말이었습니다. 저도 정말 수업을
잘하고 싶어서 열심히 준비하는데도, 괜히 수업 혁신이라는
말만 들으면 마음이 쪼그라드는 것이었습니다. 혁신의 실체
는 잘 잡히지 않는데, 막상 제 수업을 조목조목 뜯어다 보면
괜히 마음에 걸리는 것들, 뜯어내야 할 것투성이었기에 그랬
던 것 같습니다.

그래서 그 수업 혁신의 명목 아래 참 많은 시도를 했던
한 해였습니다. 교육이론 책을 뒤져가며 플립 러닝이니 협동
학습 모형이니 PBL이니 다양한 모형을 적용해보기도 했고,
영상을 만들거나 랩 가사를 개사하는 등 다양한 아이디어로
학생들에게 동기를 부여하기도 했습니다.

저는 그런 노력들이 실패했거나 무의미하다고 말하고 싶지는 않습니다. 학생들에게 많은 배움이 일어나는 것을 보았고, 저 역시도 그 가운데 성장하며 참 행복했습니다. 그러나 때로는 그러한 노력들이 본바탕에서 나온 것이 아니라, '우리 학교는 혁신학교니까', '사람들에게 새로운 수업을 보여주어야 하니까' 등의 겉치레하려는 마음에서 비롯된 적도 많았습니다. 그런 마음은 어김없이 번아웃으로 이어졌습니다.

또 다시 공자님의 지혜를 빌려봅니다. 공자는 인과 예의 조화를 말하기도 했지만, 『논어』「팔일」 편에서는 다음과 같이 말했습니다.

"그림을 그리는 것은 먼저 흰 바탕을 만들어둔 다음이요, 예禮는 그 후에 오는 것이다."

(『논어』,「팔일」33편)

그렇습니다. 사람들은 휘황찬란한 그림에 감동받는 것 같지만, 사실은 그 그림에 바탕이 되는 흰 바탕이 더 중요할 수 있는 것입니다. 우리가 기안 84의 투박함에도 열광할 수 있는 이유는, 그의 바탕을 알아보았기 때문일 것입니다.

수업 혁신도 마찬가지 아닐까 싶습니다. 다양한 교수 방법과 교육 이론들이 있지만, 가장 먼저 혁신해야 할 것은 교사의 본바탕입니다. 그렇기에 교사가 가장 집중해야 할 것도 자신의 본바탕입니다. 그 위에 그리는 그림이라야 비로소 通하는 것입니다. 우리 선생님들이 다른 것보다 참된 본바탕을 만드는 일에 집중하다 보면, 자연스레 우리가 꿈꾸는 혁신에 다다를 수 있지 않을까요? 괜히 혼자 답을 얻은 듯한 마음에 미소가 떠어집니다.

혁신학교의 '나를 꺼내는' 영어 수업 이야기

▼

서민영 천안동성중학교 영어교사

교육혁신은
불가피했다

제가 처음 근무하기 시작했을 때 천안동성중학교는 혁신학교 3년차였습니다. 그 당시 저는 교직 경험이 처음이어서 모든 게 낯설었지만 혁신학교라는 변혁적 페다고지에 매료되었던 기억이 납니다. 기존의 전통적인 교육 방식에서 벗어나 학생의 배움 중심 수업을 강조하고 교사의 업무를 경감해 수업에 너 집중하도록 하는 제도. 가장 매력적이었던 것은 학급 당 인원수를 25명으로 제한해 보다 소규모의 학급을 대상으로 수업한다는 점이었습니다.

저는 20대 초반에 아일랜드로 유학을 떠났습니다. 빠른 시간에 새로운 문화에 동화되어 새로운 사람을 많이 만났습니다. 더블린에서 제가 만난 사람들 중에는 아일랜드 사람도 있었지만 대부분은 저와 같은 외국인이었고 다양한 문화권의 사람들과 대화했습니다. 유럽에서 온 친구들, 남미에서 온 친구들, 아시아 친구들……. 나이는 저보다 조금 어리거나 많기도 했지만 다들 영어를 배우기 위해서 낯선 문화에 발을 내딛은 이방인들이었습니다. 서로가 서로를 알아가길 원했죠.

사람들은 저에게 물었습니다. "너는 뭘 좋아해?" "넌 어떤 사람이야?" 간단한 질문처럼 보이지만 애석하게도 저는 당황했고 쉽게 대답하지 못했습니다. "엄…… 엄……"만 남발하다가 얼굴이 벌게져서는 "아이 돈 노……"라고 대충 얼버무려 대답했던 기억이 납니다. 정말 간단한 질문이었는데, 대답하지 못했다니.

도대체 이유가 무엇이었을까요? 영어로 말하는 방법을 몰랐기 때문은 아니었습니다. 이유는 너무나 분명했습니다.

어떻게 말하는지 몰랐던 것이 아니라 무엇을 말해야 할지 몰랐기 때문입니다. 저에 대한 간단한 질문에도 저는 그동안 내가 뭘 좋아하는지, 내가 가장 좋아하는 것은 무엇인지, 내가 어떤 사람인지 크게 생각해본 적이 없었던 것입니다.

제가 그 간단한 질문에도 대답하지 못하고 당황했던 그 순간이 10년이 지난 지금도 또렷이 생각나는 것을 보면, 그 자체가 저에게도 적잖은 충격이었나 봅니다. 그러나 결론적으로 이야기하면 아주 나쁘기만 한 사건은 아니었습니다. 얼굴이 벌게지게 당황했던 그 순간을 계기로 저의 교육관이 형성되었으니까요.

제가 한국에서 받은 교육에 모든 책임을 전가하는 것은 아니지만, 한국 교육은 대부분 지식 암기 위주의 전통적인 교육 방법을 사용하고 있었습니다. 한국에서 시험은 학생들이 정해진 답을 맞히는 것만을 목표로 하고 있습니다. 출제자의 의도가 무엇일까 정확하게 추측하는 것은 우리 교육에서도 각광받는 행위였고, 출제자의 의도에 맞춰 정답을 찾아내는 것이 목표이자 미덕이었습니다. 나의 생각은 완전히 배제되었습니다.

이러한 교육은 10여 년간 지속되어 학생들의, 그리고

지의 사고 패러다임을 완전히 바꿔놓았다고 생각합니다. 나의 생각을 어떻게 잘 전달할까를 고민하지 않고 남의 생각을 어떻게 잘 받아들일까만 고민하는 교육. 이것이 한국의 전통적 교육 방식이었다고 말할 수 있겠습니다.

'나를 꺼내는 교육'

그래서 저는 영어 수업에서 '나를 꺼내는' 교육을 목표로 하고 있습니다. 이러한 교육 철학은 두 가지 중요한 개념을 바탕으로 합니다. 정체성과 다양성입니다. 학생들은 자기 자신에 대해 생각하고, 성찰하고, 돌아보고, 생각하며 표현합니다. 또한 학생들은 자신이 정체성을 가지듯 다른 사람도 각자만의 정체성을 가지고 있음을 이해하고 다양성을 포용합니다. 이두 가지가 제가 목표로 하고, 의도하고, 가장 중요하게 생각하는 가치입니다. 저는 이 가치들을 수업에 녹여내려고 노력합니다. 그리고 이러한 저의 교육 철학을 실현할 수 있었던 것은 제가 혁신학교에서 근무한 덕분이라고 말할 수 있습니다.

'Everybody Has a Body'

제가 '나를 꺼내는' 교육을 목표로 했던 프로젝트 수업을 공유하고자 합니다. 이 프로젝트의 이름은 'Everybody Has a Body'입니다. 중학교 1학년을 대상으로 한 수업이었으며, 총 수업의 차시는 10차시 정도였습니다. 먼저, 저는 학생들이 교과서 안의 내용에 국한되지 않고 실제적인 학습 자료를 접하는 것을 중요하게 생각해, 매 학기에 학생들이 교과서에 나온 주제와 연결된 영어 원서를 읽을 수 있도록 수업을 구상합니다. 이번 프로젝트는 또한 원서 읽기를 바탕으로 구성되었으며 몰리 잭슨 엘러트Molli Jackson Ehlert가 쓴 영어 그림책 『Everybody Has a Body』를 사용했습니다.

Everybody Has a Body 표지
출처: Google Books

학생들은 원서 읽기에 들어가기 전에 먼저 바디 이미지 Body Image에 대해서 학습했습니다. 긍정적 바디 이미지와 부정적 바디 이미지의 의미에 대해 학습하고, 바디 이미지가 자신에게 주는 영향도 생각해보도록 했습니다. 또한 자신의 바디 이미지는 어떠한지도 생각해서 적고 공유했습니다.

중학교 1학년 동아(이) 교과서 2단원에는 행동 묘사하기와 외모 묘사하기 표현이 나옵니다. 아이들은 교과서로 먼저 행동을 묘사하는 표현과 외모를 묘사하는 표현을 학습했습니다. 『Everybody Has a Body』를 읽으면서 학생들은 그림책에 나온 인물들의 행동과 외모를 묘사하는 활동을 했습니다. 표지에서 보면 알 수 있듯이 이 그림책은 다양한 아이들과 어른들로 구성되어 있습니다. 인물들은 나이도, 인종도, 성별도, 가치관도, 성 정체성도, 좋아하는 것도 다르며 장애인과 비장애인이 어울려 살아가는 모습을 보여줍니다.

학생들은 교과서에 나온 전형적인 인물 묘사에서 벗어나 다양한 인물을 묘사하기 위한 표현을 학습했습니다. "He is sitting in his wheelchair(그는 휠체어 위에 앉아 있다)", "He is wearing a prosthetic leg(그는 의족을 착용하고 있다)", "She is wearing a hearing aid(그녀는 보청기를 착용하고 있다)"와 같이 교과서에서 배우기는 어렵지만 더불어 살아가는 세상에서는 꼭 필요한 표현들을 자연스럽게 학습했습니다.

또한 학생들은 그림책이 전달하고자 하는 가치에 대해서도 집중했습니다. 학생들은 이 책이 전달하고자 하는 메시지가 '우리는 모두 다르다'라는 것임을 파악했고, 더 나아가서 '그렇기 때문에 우리는 서로를 존중해야 한다"는 의미까지 도달했습니다. 그리고 나서 학생들은 자신의 모습을 묘사해보는 시간을 가졌습니다. 또한 우리가 우리 몸에 대해서 이야기할 때는 외모에 집중하기보다 우리 몸이 우리에게 해주는 기능들에 집중할 수 있도록 유도했습니다. 그래서 나의 몸이 할 수 있는 일, 내가 좋아하는 것에 대해 생각해보고 영어로 표현할 수 있도록 했습니다.

그 다음으로 이어진 활동은 바로 '나의 바디맵 그리기'입니다. 학생들은 여태까지 자신이 배운 것을 종이 한 장에 그림과 함께 표현했습니다. 자신의 몸을 그리고 자신의 몸에 대한 자신의 생각(바디 이미지), 자신의 외모(외모와 행동 묘사하기 표현 사용), 자신의 몸이 할 수 있는 기능(핵심 문법인 조동사 can 사용)에 대해 10문장 이상 작성했습니다. 모두가 자신이

바디맵

무엇을 좋아하고 무엇을 잘하는지 생각하고 표현하느라 골똘히 고민하고 활동에 즐겁게 참여했습니다. 1학년 전체 학생 중에서 '나의 바디맵 그리기'를 완성하지 못한 학생은 한 명도 없었습니다.

그러고 나서 학생들은 각자의 바디맵을 반 친구들에게 소개하는 발표 활동을 했습니다. 영어 읽기가 어려운 학생들은 선생님의 도움을 받아 발표를 완료했습니다. 자신의 바디맵을 뽐내고 싶어 하는 학생들의 모습이 참 보기 좋았습니다. 학생들은 수업에서 자신을 꺼내고 표현하는 방법을 끊임없이 연습합니다. 또 다른 학생들의 발표를 경청하면서 나 말고 다른 사람들의 이야기를 듣고 이해하고 받아들이는 연습을 합니다.

마지막으로 학생들은 자신이 읽은 책을 정리하는 독서일지를 작성했습니다. 배운 점과 느낀 점을 독서일지에 쓰면서 스스로 다시 한 번 생각해보는 기회를 가졌습니다. 독서일지는 매번 원서를 읽을 때마다 작성하도록 해서 자기 주도적인 읽기가 가능하도록 했습니다. 학생들은 스스로 자신이 읽은 부분에서 어려웠던 단어와 표현을 정리하고 느낀 점을 적으면서 다시 한 번 책의 내용을 되돌아볼 수 있습니다.

발표

　　자유학기 발표회에서 한 번 더 자신이 영어시간에 했던
'Everybody Has a Body 프로젝트 수업'에 대해 배운 점
과 느낀 점을 발표했습니다. 학생들은 사람들의 몸과 생각과

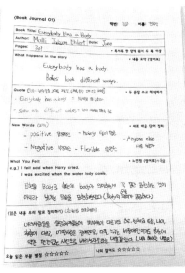

〈Book Journal 01〉　　　　　　　학번: 1110　　이름: 정O린

Book Title: Everybody Has a Body
Author: Molli Jackson Ehlert　**Date:** June
Pages: 30?

What happens in the story　　　　• 특치독 한 장에 원서 두 쪽 이상
　　　　내용 요약 (영어표)
Everybody has a body
Bodies look different ways.

Quote [인물·배경명칭 3000 각각2 (책속의 고백으로 바램)]　• 두 문장 쓰고 해석하기
· Everybody has a body = 모든게 몸을 가짐
- Skins are different colors = 피부 색들이 다름 것

New Words (5개)　　　　　　　• 새로 배운 단어 정리
　_ positive 긍정적이 - hairy 털이 많은
　－ Negative 부정적 - Flexible 유연한　- Anyone else
　　　　　　　　　　　　　　　　　　　다른 누군가

What You Felt　　　　　　　　• 느낀점 (영어표)+ 쏙글
e.g.) I felt sad when Harry cried.
I was excited when the water lady came.
표지를 Body로 했는데 body가 의미하는게 꼭 몸만 관련한 것이
아니라 내면의 무엇을 말한듯해서였다 (Body의 의미가 궁금하다)

〈읽은 내용 우리 말로 정리하기〉(디테일이 살아있어)
여러사람들을 설명해가면서 피부에 다르거나 5점, 성격의 5점, 나이,
취향이 다르, 어떤사람은 걸음걸이로, 어떤 누구는 바이올린이나 하는이
약간 편견없는 사람으로 바라보자라는 내용같아요. (내 취향의 내용?)

오늘 읽은 부분 별점 ☆☆☆☆☆　　나의 참여도 ☆☆☆☆☆

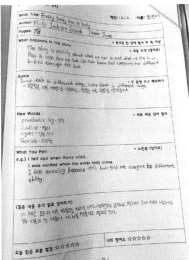

〈Book Journal 01〉

Book Title: Every body has a body
Author: Molli Jackson Ehlert　학번:1212　이름:권O서
Pages: 28　　　　　　　　　　**Date:** June

What happens in the story　　　• 특치독 한 장에 원서 두 쪽 이상
　　　　내용 요약 (영어표)
The story is mainly about what we can do and what we are to do.
Also it says that we look We can know that everybody has different
b-dies through this book.

Quote　　　　　　　　　　　• 두 문장 쓰고 해석하기
Some talk in different ways, some think in different ways.
→ 어떤이는 대化 방법으로 이야기한, 어떤이는 의식 생각을 생각한다

New Words　　　　　　　　　• 새로 배운 단어 정리
prosthetic leg - 의족
Justice - 정의
rights - 권리들
flexible - 구부리는

What You Felt　　　　　　　　• 느낀점 (영어표)
e.g.) I felt sad when Harry cried.
I was excited when the water lady came.
I felt amazing because this book told me everyone has different
ability.

〈읽은 내용 우리 말로 정리하기〉
이 책은 25가 다른 방법으로, 채마다 5점으로 생각들로 친구처럼 것이 다르다 내용이며
또 다른으로 한 다음이 너.나를 인정하고 있하고 있다.

오늘 읽은 부분 별점 ☆☆☆☆☆　　나의 참여도 ☆☆☆☆☆

- 75 -

독서일지

가치관은 모두 다르며, 우리는 그 다양성을 존중해야 한다는 가치를 배웠다고 말했습니다.

영어 독서를 통해
영어 수업에 가치를 더하다

이러한 프로젝트 활동을 통해 학생들은 교과서에서 주어진 내용을 받아들이기만 하는 전통적인 교육 방식에서 완전히 벗어나 자신에 대해서 충분히 돌아보고 자신을 표현하는 연습을 하는 학습을 합니다. 단순히 영어 단어나 문법, 표현을 외우는 식의 영어 교육이 아닌, 실제적 자료를 사용하고 교사가 의도한 의미와 가치까지 완전히 내재화할 수 있는 교육을 합니다.

수업 외적으로 교사는 학생들이 실제적 자료를 마음껏 활용할 수 있도록 양질의 영어 도서를 구비하여 영어실에 비치하고 영어독서동아리를 운영하여 학생들의 자기주도적인 영어 학습이 가능하도록 돕습니다. 학생들은 영어 그림책과 원서를 통해 자신이 원하는 분야의 책을 읽고 독서일지를 작성하여 자신의 생각을 정리합니다. 이를 통해 학생들은 영어 실력

독서동아리

을 쌓아 나갈 수 있으며 동시에 책에서 주는 가치를 함양하게 됩니다.

자신의 생각을 어떻게 전달할지 고민하며, 자신이 좋아하는 것은 무엇이고 자신이 잘하는 것은 무엇인지를 정확하게 표현할 수 있는 영어 수업을 통해 학생들이 자기 자신에 대해 정확히 알고 자기 자신을 잘 표현할 수 있는 어른으로 크길 희망합니다. 또한 자기 자신의 정체성이 있는 만큼, 세상에는 모두 다양한 가치와 다양한 사람이 있다는 것을 깨닫고 넓은 마음으로 다양성을 포용할 수 있는 어른으로 클 것으로 기대해봅니다.

미래를 여는 창의적 도전:
혁신학교의 창업가정신 기반 진로 교육

▼

김경민 천안동성중학교 진로교사(사회)

생각을 발견하라!:
가장 나다운 것이 가장 남다른 법!

자신이 좋아하고 싫어하는 것, 잘하고 못하는 것이 있으며 그 것이 무엇인지 명확히 알게 되는 것은 인생의 방향을 바르게 잡을 수 있는 기회입니다. 또한 앞으로 선택해야 하는 수많은 길과 다양한 신호등 앞에서 '나 다운 것'을 찾기 위한 방향을 설정하는 데 도움을 줄 수 있습니다.

혁신학교 과정을 겪어오면서 우리 학교는 다양한 수업을 전개해오고 있습니다. 특히 진로와 연계해 아이들이 스스로 실천하고 성장할 수 있는 진로 씨앗을 좌충우돌 중학생의 사례를 통해 살펴보겠습니다.

하나. 혁신은 창의력으로: 모든 것에 '왜'라고 물어라

아이들이 미래 인재로 성장하기 위해 키워야 하는 창의성은 무엇일까요? 그리고 창의성을 키우기 위해서는 어떻게 해야 할까요? 기존 것들 사이의 새로운 관계를 만드는 수평적 사고 능력, 바로 창의성입니다!

읽고 질문해야 생각이 자란다

수업시간에 요즘 아이들에게 많이 듣게 되는 말 중 하나가 "저 들어봤어요", "그거 알아요"입니다. 들을 때마다 너도 나도 그런 대답을 할 때면 기특하기도 하지만 당혹감을 느끼기도 합니다. 그것에 대한 관심으로 좀 더 깊이 있게 질문을 던져봅니다. 바로 한계가 드러나고 어디선가 들어서 알게 된 수준까지만 말하는 정도로 그칠 때가 많았습니다. 특히 넘쳐

나는 미디어와 빅데이터 속에서 살아가는 아이들이 남의 생각이 아닌 비판적 사고로 세상을 정확히 읽어낼 수 있는 능력이 필요하다는 것을 절실하게 느끼게 하는 장면입니다.

"미디어 리터러시는 디지털 세상에서 소크라테스처럼 생각하고, 스티브 잡스처럼 살아가는 데 필요한 역량이다."

유대인들은 '왜'라는 질문을 가장 좋아합니다. 그런 질문이 이어지는 것을 최고의 교육 방법이며 비결이라고 생각합니다. 한국인들은 '무엇'을 좋아합니다. 즉 문제의 정답을 좋아합니다. 그래서 생각하기보다는 정답만 외우려고 합니다. 이것은 창의력 부족의 문제로 직결됩니다.

그냥 집어넣어 줄 것인가, 이끌어 낼 것인가? 교육자라면 많이 고민하는 부분입니다. 요즘 아이들에겐 생각을 다져가는 시간이 필요합니다. 그래서 아이들이 독서와 뉴스, 미디어와 관련된 다양한 경험 등을 해보는 것이 중요합니다. 일상에서 실천해볼 수 있는 미디어 리터러시 활동의 예로는, 신문 기사를 읽고 생각을 나누면서 사회 트렌드를 파악하도록 하는 것입니다. 이를 통해 '정보력'과 '질문력'으로 생각을 다지는 경험을 해보게 됩니다.

나도 아나운서

○○는 러시아에서 온 중학교 1학년 다문화 학생으로 매우 열정이 많은 아이였습니다. 하지만 우리말이 많이 서툴러 한국어 교육도 따로 받고 있지만, 교과 수업 내용 대부분을 이해하지 못해 다소 어려움을 겪고 있는 학생이었죠. 신문 활용 수업도 예외가 아니었습니다. 대부분의 아이들이 어렵게 여기는 신문 기사의 내용을 몇 번씩 읽고 해석했습니다. 그리고 수시로 질문을 해가며 자기 생각을 정리하는 성실한 모습을 보였습니다. 발표 시간에 자기 순서가 되자 나름 정리해온 내용으로 떠듬떠듬 열심히 했지만, 아이들은 알아듣지 못해 웅성웅성하는 상황이 발생했습니다. 소통이 잘 안 돼 곤란한 상황에서 ○○에게 물었습니다. "혹시 작성한 기사의 내용을 러시아어로 번역해서 발표할 수 있니?" 방긋 웃으며 즉시 할 수 있다고 말하는 ○○의 모습이 인상적이었습니다. 경청하던 아이들도 놀라워하며 재미있게 수업을 진행했던 기억이 납니다.

이처럼 뉴스, 신문 매체를 통해 자신의 의견을 전달하는 '나도 아나운서' 활동을 수업으로 옮겨 봤습니다. 막상 수업 시간에 펼쳤더니, 아이들이 이런 활동을 싫어하는 것이 아니라 평소 해보지 않아 쑥스러워하는 모습이 더 컸습니다. 그렇지만 이 수업은 한 명 한 명의 목소리를 집중해서 들어보는 기회였으며 아이들의 발표력을 끌어올릴 수 있는 시간이 되었습니다.

아이들은 친구들이 전해주는 내용과 목소리를 경청하고 공감도 합니다. 발표가 끝나면 질문을 통해 뉴스 내용을 더 깊이 알아가면서 자연스럽게 토론의 장이 조성되곤 합니다. 생각은 자유롭게 질문하는 분위기에서 자라나 봅니다.

둘. 협업은 공감능력으로: 마음이 통해야 소통이다

소통은 상대방을 먼저 생각하는 것! 소통을 잘하려면 자신이 아니라 상대방을 보아야 합니다. 진짜 소통을 잘하는 사람은 자신이 어떤 말을 해야 하는가보다 상대방이 자신의 말을 어떻게 듣느냐에 더 관심을 가집니다.

똑같은 말이라도 이해하는 것은 제각각입니다. 사람들마다 각자 보는 위치가 다르기 때문입니다. 내 위치에서는 잘 보이는 것이지만, 상대방의 위치에서는 전혀 보이지 않을 수 있다는 것을 생각하지 못합니다. 그래서 설득을 하려고 하면

할수록 소통은 점점 더 어려워짐을 느끼게 됩니다. 이처럼 언어나 문자가 아니어도 서로의 생각을 잘 전할 수 있는지, 그리고 어떤 점이 어려운지 아이들에게서 느낄 수 있습니다.

나도 디자인씽커다

"아이디어를 위해서는 사람에 대한 관심과 애정이 있어야 한다!"

아이디어란 곧 타인들의 숨어 있는 욕구를 읽는다는 것을 말합니다. 본인 스스로를 잘 관찰하고, 비슷한 일상이지만 내 일상 안에서 니즈를 발견하는 것, 또는 다른 사람의 행동을 관찰하고 소통해 그들의 숨어 있는 욕구를 파악하는 것이 중요합니다.

우리는 흔히 혁신의 핵심이 기술에 있다고 생각합니다. 하지만 그 기술을 생각해내는 것은 사람이며, 혁신의 주체는 그 사람이 가진 '문제의식'과 '공감 능력'이라고 할 수 있습니다. 그 좋은 예가 디자인씽킹Design Thinking입니다.

디자인씽킹은 창의적인 아이디어를 도출하는 방법으로 많이 활용되는데, 디자인씽킹 프로세스의 첫 번째 단계가 바로 '공감하기'입니다. 제품을 만들든 서비스를 기획하거나 기술을 개발하든, 그것을 실제 활용할 사람들의 진짜 문제를 알아내기 위해 그 사람의 입장이 되어 공감해보는 것이 창의적 변화의 시작점이라고 할 수 있습니다. 인간적인 사고력과 감성 역량은 앞으로 기술을 만들어내는 창의성의 근원으로서 가치가 더 높아질 것이 확실하기 때문입니다.

실제로 아이들이 '나도 디자인씽커'가 되어 짝의 소망을 들어주는 활동을 해보았습니다. 너도 나도 짝의 소망을 들어주기 위해 생각했던 것보다 상당히 진지한 모습을 발견할 수 있었습니다. 친구가 느끼는 불편함을 관찰하고 인터뷰하고 공감하며 그 가운데 문제를 발견하는 것이죠. 발견한 문제에 자신의 아이디어를 구체화해서 단순한 재료로 프로토타입을 만들어 선물하는, 일종의 감동의 경험 이벤트 활동이 될 수 있었습니다.

아이들이 학교에서 지내는 시간이 꽤 길죠. 학교에서 쉬는 시간, 점심시간에는 아이들의 다양한 행동을 볼 수 있습니다. 두 친구 중 한 학생도 그 시간 중에 불편함을 느끼고 있었습니다.

아래 사진은 짝꿍을 위해 만든 의자 프로토타입입니다. 쉬는 시간에 눕지는 못해도 편하게 의자를 뒤로 젖혀 쉬고 싶은데, 학교 의자가 불편하다는 사실이 짝꿍의 불편한 점임을 발견했습니다. 짝꿍의 그런 불편한 점을 개선해주기 위해 고민하는 모습이 매우 진지했습니다. 짝꿍이 편하게 몸을 뒤로 젖히고 아래 부분을 펼치면 다리까지 쭉 뻗을 수 있는 의자를 생각해냅니다. 안마 의자와 비슷한 형태로 디자인된 학생 의자를 아이디어화해 짝꿍에게 만들어 주었습니다.

짝꿍이 마치 그 의자를 사용하는 소비자라는 생각으로 나름 열심히 고민하고 만들어내는 중학교 1학년 학생의 모습. 그 의자 선물을 받은 짝꿍이 최고라며 좋아했던 반응을

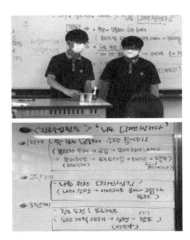

나도 디자인씽커다

확인하면서 뿌듯해하던 아이의 모습이 인상적이었습니다.

그 다음으로 해볼 수 있는 '나를 위한 디자인씽킹'입니다. 평소 나도 모르게 남을 위해 행동하고 애쓰는 모습은 누구에게나 자신 안에 있습니다. 그런데 이런 과정은 얼마나 힘들까요? 그래서 아이들에게 평소 정말 내가 고치고 싶은 습관이나 이루고 싶은 소망 등이 무엇인지 진지하게 생각해보는 시간을 주었습니다. 그것을 개선해보고 도전하면서 자신을 보듬어보는 시간을 가지도록 하는 것이 필요합니다. 그런 시간을 통해 아이들의 자존감과 성취감을 키워주는 마음 속 성장을 충분히 도와줄 수 있기 때문입니다.

셋. 진취성은 실행력으로: 혼자하기보다 함께하라

어느 무더운 여름 날 아이 다섯 명이 학교 도서관에 모여 있습니다. 서로 머리를 맞대고 책을 뒤적이며 각자 무언가를 찾기에 바쁜 모습입니다. 이 아이들은 조리사, 창업가, 외식 경영가, 제과제빵사가 진로 희망입니다. 그래서 식품 외식 산업 분야의 진로 체험과 아이디어 발표대회에 도전하기로 결심해 한 팀을 이루게 되었죠. 무엇이 문제일까요?

평소 식생활에서 의문을 가졌던 문제를 발견하고, 이를 제품 아이디어 개발에 적극 활용하고 싶어 했던 아이들. 한 아이는 뉴스를 보면서 항상 쌀 소비가 안 돼 큰 문제라고 생각했습니다. '쌀을 활용해서 만들 수 있는 제품은 다양한데 왜 쌀이 항상 남아돌까? 제품 개발 아이디어를 얻을 수는 없을까?'라는 궁금증에서 고민하기 시작했습니다.

또 다른 아이는 다른 각도에서 접근했습니다. "학교 급식 메뉴로 면 요리가 나올 때, 순서가 뒤쪽인 친구들은 면이 퉁퉁 불은 면을 만족스럽지 못하게 먹는 장면을 보면서 불지 않는 면이 있으면 참 좋겠다는 생각이 들었어. 농부들은 쌀 소비가 안되는 게 문제이고, 우리는 면이 부는 게 문제야. 그렇다면 이 두 가지를 개선할 수 있는 면 제품을 개발해보는 건 어떨까?" 그렇게 시도해보자는 팀원의 의견이 모아지면서 공통된 생각들로 제품 개발을 시작하게 되었습니다.

씩씩食識원정대의 '쌀쌀米米맞은 곤약면' 아이템

가정간편식HMR, 푸드테크, 펫푸드 등을 주제로 진로 캠프와 현장체험, 성과 발표와 아이디어 경진대회로 연결되는 정부 기관의 중학생 맞춤형 프로그램이 무려 5개월간 진행되었습니다. 일회성이 아닌 다양한 내용과 체험들로 아이들에게는 배움 활동의 연속이었습니다.

식품산업 아이디어 성과 발표대회 날이 되었습니다. 아이들과 함께 준비한 아이템을 심사 현장에 들고 갔습니다. 그동안 '무엇이 문제인가?'에 수없이 집중하며 남아도는 쌀 문제를 부족하나마 다소 해결하기 위해 쌀 제품 아이디어를 구체화했습니다.

'쌀쌀맞은 곤약면'이라는 이름을 짓고, 쌀가루와 곤약, 콜라겐을 활용해 비율을 맞춘 이 아이템. 포만감을 주고 다이어트에 도움을 주면서 불지 않고 장시간 쫄깃한 식감을 유지할 수 있는 장점을 충분히 피력했습니다. 결국 평가자들의 호평을 넘어 극찬을 받으면서 중학생 부문 식품산업 아이디어 전국대회에서 대상을 받았습니다.

아이들이 아이디어를 아이템화하는 과정에서 실수도 많고 의견 충돌이 빈번해 서로 힘들어했지만, 하나씩 잘 극복해가면서 짧은 시간에 성장한 것 같은 느낌을 받았습니다. 이런 기회를 통해 평소에 무심코 지나쳤던 농업이 환경문제와 안전한 식재료, 식문화 등 일상생활과 밀접한 관련이 있다는 점을 배웠다고 합니다. 농식품 분야가 아이들에겐 다소 생소

할 수 있지만 관련 분야를 스스로 공부하고 탐구하는 좋은 경험으로 진로 선택에 실질적인 도움을 받을 수 있을 것 같다고 말합니다.

이것이 바로 혼자의 힘이 아닌 함께 노력해서 얻을 수 있는 성취감이 아닐까요? 아이들은 서로 나눴던 경험을 떠올리며 행복해하고, 또 다른 도전 분야를 찾고 있는 스스로의 모습을 보게 됩니다. 모두가 같은 비전을 가졌을 때 비로소 하나의 팀입니다. 소통과 믿음이 팀워크의 핵심이라고 할 수 있습니다.

진로체험에서 얻은 아이디어를 아이템으로!

넷. 위험 감수는 도전 정신으로: 자기 주도적 능력을 키워주
는 아이디어

자신이 좋아하고 즐기는 것을 찾아라

내가 무엇에 설레는지, 무엇을 좋아하는지, 어떤 점에
약한지, 또 어떤 것을 잘하는지에 대해서 끊임없이 자신의 내
면의 소리를 들을 필요가 있습니다.

좋아하고 즐기는 것. 그것을 찾기 위한 과정이 방황이
고, 그것은 당연한 것이라 생각합니다. 그렇다고 그걸 당연하
게 생각해 가만히 있는 것이 아니라, 움직이면서 고민해야 합
니다. 내가 설레고 좋아하는 걸 하나씩 찾아서 하다 보면 어
느 순간 자석에 붙듯이 '착' 붙을 때가 옵니다. 그러려면 하나
하나씩 해보는 게 정말 필요합니다.

청소년 시기, 불만이 가장 많을 시기이지만 최선을 다해
서 긍정적으로 보내는 것이 좋습니다. '무엇'이 아니라 '어떻
게'가 중요한 것이죠. 사람들은 보통 무엇을 하고 있는지, 무
엇이 되었는지에만 집중합니다. 무엇보다 중요한 것은 '어떻
게 하고 있는가'입니다. 그래야 나다운 삶을 살 수 있을 테니
까요.

삶을 나누는 수업!

학교 밖의 경험을 하나 더 늘리는 것도 중요하지만, 학교 밖에서 아이들이 겪는 삶을 하나라도 더 교실 안으로 가져오도록 노력하는 것도 필요합니다. 교실에서 진실한 삶의 태도를 나누는 수업으로, 아이들이 서로의 삶에 관심을 갖고 이야기를 나눠보는 진로 수업은 어떨까 하는 생각을 자주 해봅니다.

무엇을 하기 전에 아이들을 진실하게 대하고, 존중하고, 공감적 이해를 하는 환경을 제공하면 아이들은 자기실현 경향성에 따라 긍정적으로 성장한다는 것입니다. 우리는 무엇보다 아이들이 스스로 성장하도록 도와야 합니다.

아이들이 시간 관리를 잘할 수 있도록 도움을 주기 위해 실천해볼 프로그램이 있습니다. 방학 과제로 아이들이 의미 있는 시간을 보내도록 자유 도전 과제를 제시했습니다. 실천하는 경험을 통해 배우고 자신이 느낀 점을 발표해 수업 시간에 나눠봄으로써 그것이 곧 배움의 시작이라는 것을 깨달을 수 있습니다.

당신은 도전자입니까?

"얘들아, 이번 방학 어떻게 보내고 싶어? 바쁘겠지만 시간이 주어지면 무엇을 가장 하고 싶니?"라고 물으면 아이들은 종일 게임하기, 웹툰이나 드라마 몰아보기 등을 이야기합니다. 학기 중 지쳤던 심신을 그냥 좋아하지만 다소 의미 없이 보내는 시간 속에 맡기고 싶어 하는 마음을 느낄 수 있었습니다. 학창 시절의 우리처럼……,

아이들은 평소 학교에서 수업, 과제 수행과 방과 후의 학원 스케줄 등으로 자신의 삶에 대해서 깊이 생각해 보거나 도전해보는 기회를 갖기 어렵습니다. 그래서 삶을 긍정적이고 적극적으로 살 수 있도록 도움을 주기 위해 "당신은 도전자입니까?"라는 도전 프로젝트를 기획해 아이들과 함께했습니다. 이것을 수행하면서 방학을 의미 보내도록 하기 위함이었습니다.

이 도전 프로젝트는 발상을 전환해 특히 방학 중에 도전하면서 배움의 기회를 갖게 하는 것입니다. 이를 성취했을 때는 모든 일에 자신감이 생길 수 있습니다. 또한 스스로 호기심과 탐구심을 가지고 자신의 문제와 만났을 때, 스스로 의미 있는 배움이 일어날 수 있습니다. 하지만 실패해도 괜찮습니다. 시도해보는 그 자체가 중요하니까요.

다음과 같이 도전 프로젝트를 안내해 학생들에게 수행 전 미리 계획부터 받았습니다. 아이들이 요즘 가장 관심을 갖는 분야가 무엇이고, 자신이 꼭 해보고 싶은 것은 무엇인지 생각해보게 하는 시간이 매우 의미가 있습니다.

|사례1| ○○는 평소 그림을 그리는 것이 취미이고, 예고 진학이 목표인 아이입니다. '나만의 그림체 찾기'라는 주제로 그림 실력을 더 키우기 위한 도전을 해보겠다고 마음을 정했습니다. 진로 속에 진학을 생각해 자신의 도전 주제로 삼아 수행한 학생으로 실제로 작년에 예고로 진학하기도 했습니다.

도전 주제를 자신이 좋아하는 분야로 정한 만큼 방학을 신나게 보낼 수 있을 것 같다는 기대감에 다소 상기된 모습이었습니다. 역시나 4주간 열심히 수행한 과정과 결과를 친구들에게 발표하며 공유했습니다. 그림을 꾸준히 그리면서 성취감과 자신감을 더 키울 수 있었다는 확신에 뿌듯해했습니다.

|사례2| ○○는 로봇공학도가 진로 희망인 아이입니다. 로봇공학 관련 도서 네 권을 읽다가 문득 두 발 직립 보행 로봇을

도전 프로젝트 수행 과정 및 결과

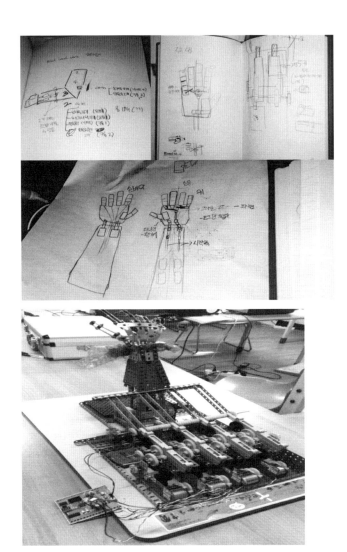

도전 프로젝트 수행 과정 및 결과

창의적으로 설계해보고 직접 만들어본 도전 주제입니다. 이처럼 공학에 관심이 생겨 과학고 진학을 목표로 카이스트를 탐방하며 자신의 미래에 대한 진로 로드맵을 정해보는 시간을 가졌으며, 자기관리를 잘 수행했던 학생입니다.

학생들이 도전해본 소감 내용은 대략 이렇습니다. '진로를 위해 이렇게 내가 노력하는 모습을 기록한 적은 처음이라서 뿌듯했다.' '변한 적도, 있었던 적도 없었던 내 도전 내용과 노력에 기분이 좋았다.' '이번 경험을 통해 내가 내 진로에 조금이라도 힘쓸 시간을 줄 수 있었던 것 같다.' 학생들이 좋아하고, 하고 싶어 하는 것을 알게 되고 다양한 도전 소감을 느껴보는 시간이었습니다.

다섯. 창업가 정신 속 진로: 미래 리더를 키우는 교육

'리더는 교사이자 코치가 되어야 한다'라는 말이 있습니다. 이제는 가정에서, 학교에서 리더처럼 키우는 교육이 필요합니다. 대학 진학에 대한 기대치, 대기업 취업에 대한 기대치, 졸업장에 대한 강박을 갖는 건 이제 중요하지 않습니다.

급변하는 세상 속에서 내가 무엇을 잘하는지, 무엇을 하고 싶은지, 어떤 목표가 있는지를 아는 것이 중요합니다. 이는 남이 알 수 있는 것이 아닙니다. 자신에 대한 것을 남에게 물어보며 돈 쓰기보다 스스로 답을 찾기 위해 시간과 노력, 돈을 투자해야 합니다. 평생학습이 요구되는 지금 자신을 이해하는 공부를 해야 합니다. 자신을 알아가는 공부에서 늦은 때란 없습니다.

나도 선생님?!

학교 수업 내용에서 학생들이 이해를 바탕으로 지식을 얻어가는 것보다 오히려 무조건 암기를 통해 점수를 받는 것이 귀찮아 과목, 내용을 포기하는 학생이 점점 늘고 있습니다. 그래서 학생들의 관심과 흥미를 꾀하고자, 혼자가 아니라 함께 탐구하고 그 내용을 공유하면서 더 나은 생각과 배움의 가치를 만들 수 있다는 것을 느끼게 하는 것은 정말 중요합니다. 자신이 선생님이 되어 친구를 가르쳐보는 경험은 리더처럼 자랄 수 있는 방법 중에 하나입니다.

"이야기하자. 그리고 다시 이해하고 설명해보자"

시험이 끝나고 나면 잊어버리는 지식과 배움이 아니라, 이전의 학습 과정으로 다시 돌아간다고 해도 지식이 구조화 되고, 장기 기억으로 넘어가는 효과를 맛볼 수 있는 방법은 없을까요? 주제에 대한 탐구학습 과정에서 아이들이 다소 힘이 들겠지만, 교과서 밖 관련 자료를 탐색하는 습관을 길들이게 하는 것이 필요합니다.

진정한 공부가 무엇인지, 지식을 재해석할 수 있도록 자신이 선생님이 되어 친구들에게 설명하는 과정을 적용해봄으로써 진로에 대한 접근도 가능합니다. 이를 통해 자신의 생각과 의도를 정확하게 전달하는 경험을 하게 됩니다.

'답을 가르치지 않고 질문의 힘을 삶으로 가르치는 노력,
그리고 세상과의 소통을 위한 매개체가 되어주자!'

아이들이 스스로 진짜 공부에 몰입하는 자율성이 있는 환경 조성은 학교에서나 가정에서 반드시 필요합니다. 아이들은 능동적으로 참여하고, 질문하고, 협력함으로써 가장 잘 배웁니다. 그래서 자연스럽게 의사소통과 협업 능력, 창의 융합적 사고 역량을 기르는 학습 방법이 되는 것입니다.

특히 암기과목 중 사회, 역사 과목은 중학생 아이들이

어려워하는 과목 중 하나입니다. 단 몇 페이지에 기술되어 있는 교과서의 내용만으로는 시대적 상황을 이해하기가 어렵습니다. 그래서 도움이 될 만한 교과 연계 도서를 교실에 비치해두고, 수시로 보면서 내용을 확장시켜 나갈 수 있게 하는 것이 정말 중요합니다. 이는 지식이나 사실을 습득하는 과정에서 암기하는 것을 지양하기 위한 방법이기도 합니다.

Everybody Teacher, Everybody Student

아이들 스스로 공부에 즐겁게 몰입할 수 있게 하려면 어떻게 하는 것이 최선일까요? 아이들에게도 이런 물음을 스스로에게 던져보게 하면서 자신의 진로를 고민해볼 수 있는 것이 필요합니다.

아이들이 도전하기 쉬우면서도 흥미를 끄는 방법!

'나도 선생님'이라는 콘셉트로 학습 내용을 설계해, 교사 주도가 아닌 아이들이 주인공인 것처럼 책임감을 지니게 합니다. 아이들이 직접 수업을 주도하고 운영하면 보다 적극적이고 능동적인 학습을 할 수 있습니다.

이 방법은 아이들이 수업에 임하는 자세와 교사의 조언

으로 내용을 보충해가는 촉진 역할을 해 의미 있는 학습을 이끌어내기에 아주 만족할 만한 효과가 있습니다. 그리고 '나도 선생님' 되어보기로 경험하면서 가르치는 일이 자신의 적성, 흥미에 맞는 것 같거나, 교사가 되는 것이 꿈인 아이에게는 진로 설정에 더 구체적으로 도움을 줄 수 있었습니다.

이 수업 후 아이들은 '부담 없이 지식을 얻을 수 있었다', '즐거운 학습 방법', '조언해주는 선생님의 설명 더 기억에 남는다', '친구들의 설명으로 이해가 잘 되고 재미있었다' 등 긍정적인 피드백을 했습니다. 아이들이 리드하는 적극적인 학습 활동으로 스스로 뭔가 해냈다는 성취감과 만족감을 얻을 수 있고, 특히 아이들에게 더 많은 도전을 이끌어낼 수 있는 것 같습니다.

미래를 살아가는 리더에게 반드시 필요한 것 중 하나, 창업가 정신!

창업가 정신. 많은 사람들이 이미 공감하고 인정하고 있지만 아직 교육에서는 이 부분을 잘 키워줄 수 있는지 의문을 갖고 있습니다. 창업가 정신 교육은 창업가가 되는 것을 목표로 하는 것이 아닙니다. 문제를 정의하고 도전하고 창의적으

진로 연계 미리보는 고교학점제와 학업설계

로 해결하는 방법을 가르치고 배우는 과정이라는 것을 인식
해야 합니다.

　　아이들이 강의 듣고, 외우고, 시험 보고, 잊어버리는 죽은
공부가 아니라 자기 선택권을 가지고 주도적으로 결정하게

해아 합니다. 많은 시행착오와 실패를 거듭하면서 스스로 문제를 해결하는 살아 있는 공부를 하도록 돕는 것이 중요합니다. 이제는 분명 이런 공부가 필요한 때라고 할 수 있습니다.

아이들이 학습의 중심이 되어 스스로 무엇인가를 경험하고 그 속에서 배울 수 있는 기회 또는 환경이 조성되어 있는지부터 살펴보세요. 학교나 가정에서의 공부와 자신이 미래에 살아갈 삶과의 연관성을 찾아갈 수 있도록 하는 것은 정말 중요합니다. 새롭고 창의적인 시도를 가로막는 두려움과 그런 분위기가 아닌 미래를 살아가는 리더에게는 창의성도 함께 자랄 것이라고 생각합니다.

유재흥 송남중학교
교장선생님을 만나다

▼

박은진 천안동성중학교 국어교사

혁신학교의 시작은 송남중학교에 근무하고 계신 유재흥 선생님이 있었기에 가능하지 않았을까 생각합니다. 마침 혁신학교 기록물 관련 연수가 있어서 가게 된 학교가 송남중이었고, 이곳에 근무하고 계시기에 미리 전화로 인터뷰를 요청하고 허락을 받았습니다. 인터뷰 날짜는 2023년 6월 13일(화)이고, 장소는 송남중학교입니다. 클로버 노트로 녹음하고 내용을 풀었습니다. 질문 항목은 여덟 개였습니다.

1) 혁신학교 신청 이유

2) 가장 보람된 일은?(기억에 남는 일)

3) 선생님께 '천안동성중학교'는?

4) 어려웠던 일은?

5) 혁신학교를 운영하면서 꼭 하고 싶은 일은?

6) 혁신학교 신청을 위해 어떤 것을 노력해야 할까?

7) 그럼에도 불구하고 관리자 입장에서 혁신학교 신청을 해
   야 했던 이유

8) 전문적 학습 공동체 '산책' 탄생 배경은?

<u>박은진 선생님</u>(이하 은진샘) 교장선생님, 반갑습니다.

<u>유재흥 교장선생님</u>(이하 재흥샘) 예, 잘 지내셨죠?

<u>은진샘</u> 혁신학교가 주는 여러 가지 이점들이 혁신학교를 신
청하게 된 이유였나요?

<u>재흥샘</u> 학급당 인원수를 25명으로 조정해준다, 교무행정사
를 배치한다, 예산을 지원해준다, 라는 이야기가 있었습니다.
사립학교는 예산에 민감한 부분이 있어요. 그런 것들 때문에
생각을 많이한 것도 사실이죠. 하지만 이보다는 동성중의 민

주적, 창의적 DNA를 키울 수 있는 기회가 되겠다는 생각이 컸죠. 최호준 이사장께서는 민주적인 부분, 자율적이고 창의적인 것들을 중요하게 생각하시고 학교를 운영하시기 때문에, 바로 그런 면들 때문에 다른 학교들과는 다른 DNA를 가지게 됐다고 생각합니다.

혁신학교 전에도 졸업식, 졸업앨범, 교사 채용 등과 같은 부분에서 차별화를 갖고 있었습니다. 그런 것들이 하나의 방향으로 체계화되면 좋겠다는 생각을 했습니다. 또 내부적으로 비전을 만들지 않은 상태에서 중구난방, 이심전심으로 학교 활동들이 이루어졌어요. 혁신학교를 하면서 전문적 학습 공동체나 이런 활동을 통해 비전이나 학교 교육 목표 설정에 대한 공감대가 만들어지고 같이 방향성을 만드는 노력을 한다면 우리가 해왔던 것들을 좀 더 체계적으로 할 수 있겠다는 생각이 들었습니다.

그런 측면에서 혁신학교를 하면 좋겠다는 것이 저의 생각이었다면 일부 다른 선생님들 가운데는 아무래도 지원되는 것들이 많으니 신청하자는 의견도 있었죠. 때문에 저는 혁신학교 운영에 대한 교직원의 동의가 안 이루어지면 1년이 지난 후에 시작하자는 생각을 가지고 있었습니다. 1차 찬반 조사에서는 교직원의 동의가 50퍼센트를 넘지 못했죠. 그래서 너무 서두르지 말고 기다려보고 공감대가 형성되면 그때 운영을 시작하자는 의견도 있었지만, 다시 설명회를 열어 구성원의 재동의를 받아서 우여곡절 끝에 시작하게 되었습니다.

은진샘 혁신학교를 시작할 때 구성원의 동의를 얻는 부분이 조금 힘들었지만 결국 초반에 시작하게 되었습니다. 혁신학교를 운영하기 정말 잘했다는 생각이 들었거나 보람을 느꼈던 일이 있을까요?

재흥샘 첫째는 "우리 학교는 혁신학교다", 그래서 혁신 교육을 해야 한다는 것에 당위성이든 아니면 책임감이든 그런 인식을 하게 됐고, 민주적이고 허용적인 학교 문화가 바탕이 되고, 선생님들이 수업과 교육과정 분야에서 잘해주셔서 좋은 결과를 얻게 된 점이라 생각합니다.

은진샘 동성중학교에서 시작한 일들이 일반적인 일이 되고 있는 걸 보면 우리가 혁신적으로 시도했구나 하는 생각이 많이 들어요. 아침에 복장 검사를 하던 문화가 학교에 있었는데, 우리 학교는 이미 그런 거 대신 아침 맞이 행사를 하고 그걸 다른 학교에서도 하는 걸 보고 놀랍다고 생각했어요. 학생 자치, 학생 중심의 졸업식 운영 등도 마찬가지고요.

재흥샘 졸업식장에서 몇 명만 상을 주는 대신 모든 학생이 졸업장을 받는 것도 그렇죠. 둘째로 동성중의 행사들이 다른 학교에 좋은 본보기가 된 것은 맞죠. 전문적 학습 공동체는 초기에 어떻게 운영하고 계획을 세워야 하는지 교육청이나 담당자들은 책이나 글, 정책으로만 알고 있었어요. 그런데 그걸 현장에서 실천하는 일을 동성중에서 이미 하고 있었죠. 그분들이 실체를 확인할 수 있었어요. 이처럼 여러 부분에서 동성중이 충남에서 본보기 학교가 되었다는 사실이 보람 있고, 의미가 있는 부분입니다.

그런데 그런 부분을 저는 개인적으로 조심했습니다. 동성중의 노력이 누구 하나의 공이나 누군가의 치적으로 되는 순간 공동체가 흔들릴 수 있을 거라고 생각했어요. 예를 들면 교장이나 혁신학교 담당자 때문에 그런 성과를 내었다는 말이 안 나오도록 많이 조심했어요. 또 내부적으로도 누구 하나의 공으로 돌아가지 않도록 하려 신경을 많이 썼어요.

혁신학교라도 일반 공립학교 같은 경우는 교장이 바뀌고 나면 다 바뀌는데, 동성중은 그래도 여전히 혁신학교로서 정체성을 세속 유지하고 있잖아요. 계속 또 새로운 도전들을 하고 있고. 그런 것들이 결국은 함께 성장한 것이 아닌가 생각해요. 그리고 함께 성장했다는 것이 결국 무엇을 의미하냐면 아까 말씀드린 것처럼 특정한 사람들을 내세우지 않고 함께 성장하려고 했던 노력의 결과라 생각합니다.

셋째는 앞에서도 말씀드린 것처럼 경기도에서 시작했던 혁신학교의 정책들을 충남에서는 아직은 초기 단계라서 정책이나 글로만 이해되고 있었는데, 동성중에서 일정 부분 실현하고 구체화되는 모습들을 보여준 점이죠. 이런 점에서 동성중의 혁신학교 운영이 충남 혁신학교로 일반화하는 데 하나의 역할을 한 점에 대해서 보람이 있는 겁니다. 이런 게 동성중 선생님들의 힘이죠.

은진샘 관리자의 입장에서 혁신학교를 운영할 때 어려운 점은 무엇이었나요?

재흥샘 관리자의 소통력이 부족해서 그럴 수도 있고, 관리자의 입장을 이해를 못해 주신다든가 할 때 좀 그랬어요. 모든 구성원이 그랬던 건 아니고 일부 구성원이 있었지요. 저와 다른 의견을 얘기하는 게 아니라 부정하는 의견을 얘기하는 그런 분들이 있을 수 있잖아요. 그리고 내부적으로 볼 때는 모두가 같이 고민해서 이루어진 일인데, 밖에 나가서는 특정 사람들의 의견인 것처럼 그러니까 누가 '거기 어떤 선생님 계신 학교지?', '그 선생님 열심히 하고 있지?' 이런 얘기가 들린다든가 할 때는 마음이 아팠지요.

또 하나는 선생님들 업무입니다. 혁신학교에서 굉장히 중요했던 것 중에 하나로 결과적으로는 학교 문화를 바꾸는 것이에요. 사실 시스템을 바꾸는 건 쉬운 일이거든요. 오히려 문화를 바꾸는 일은 쉽지 않습니다. 문화는 오랜 시간에 걸쳐서 바뀌는 거잖아요.

은진샘 네, 그렇죠.

재흥샘 시스템은 관계이기보다 그냥 바꾸면 되니까 명령이나 법규나 이런 걸 딱 바꿔버리면 끝나는 거잖아요. 그런데 좋은 문화 속에 문화가 시스템으로 정착돼야 하고, 또 시스템이 문화를 좀 더 좋은 문화가 되도록 자극해야 돼요. 상호적으로 이루어져야 하는 거죠. 그런 점에서 볼 때 혁신학교는 평가나 교육과정 재구성이나 수업 등이 중요한데, 거기에 선생님들이 집중하려면 많은 시간과 공력이 필요하잖아요. 그런데 선생님들은 가정이 있으시니 그건 당연히 보호해줘야 하는데 선생님들 일은 늘어나고……. 늘어나는 일을 제가 좀 덜어 주려고 해도 너무 제한적이었어요. 그런 부분들이 죄송하기도 해서 저 혼자 속앓이를 하고, 그러다 보니까 더 큰 도전이나 더 의미있는 도전은 좀 망설이게 되더라고요. 이걸 하고 싶은데, 그래도 이거 하면 진짜 좋아, 누가 봐도 참 좋아. 그런데 그렇게 다 하기에는 선생님들이 너무 힘드실 것 같았어요.

은진샘   혁신학교에서 이건 꼭 시도하고 싶었는데, 교사들이 과부화 걸릴 것 같아서 못하신 게 있을까요?

재흥샘   교육과정 재구성 같은 경우 네 개의 프로젝트로 한 학년도 프로젝트로 연결된다든가, 축제나 또 우리가 한동안 졸업제라 불렀던 졸업식 있잖아요. 그런 것들이 융합이기보다 통합 상태로 이루어지기도 하고, 그 통합도 사실은 그냥 역할분담 차원에서 되었잖아요. 그런데 그런 게 아니라 예를 들면 졸업식을 하는데 프로젝트 학습을 졸업식 주제로 하자, 그럼 그 주제에 맞춰서 아이들 입시가 끝나고 준비하고 통합 주제 형태로 하자, 라고 하면 교사들도 시간을 내어 자주 만나야하고 오랜 시간 동안 많은 준비를 해야죠.

입학식이나 가정방문도 프로젝트 수업으로 진행하고 싶지만 선생님들한테는 시간이 필요한 것들이다 보니까 제가 선뜻 제안할 수 없는 상황이기도 했습니다. 저는 수업에서 아이들의 역량을 확실히 키워줄 수 있고, 문해력이나 기본 학습력 등을 확실히 잡아줄 수 있으면 좋겠습니다. 당장 결과가 나오는 입시 교육이 아니더라도 그런 것들에 대해서 선생님들이 수업에 대한 확신이 있으면 어떨까 합니다. 미래 혁신학교에서, 혁신 미래 학교에서 어떻게 해줄지 모르지만 교육과정에 정말 자율권을 줬으면 좋겠다는 생각을 합니다.

은진샘　학생들이 수업 시간에 집중을 못해서 생활교육을 하느라 바쁜 것 같아요. 혹시 해결 방법이 있을까요?

재흥샘　동성중은 선생님들 역량이 뛰어나시니까 그런 상황들에 대해서 같이 고민해야 되겠죠.

은진샘　네, 그래서 고민을 많이 하고 있어요.

재흥샘　교사들이 각각 교실에 들어가서 진도를 나가는 시간보다 선생님들이 마주 앉아서 고민하고 속내를 털어놓고 방법을 찾는 시간이 혁신학교를 운영하면서 많아졌어요. 수업 관련 고민, 학생 생활지도 고민을 털어놓을 수 있는 문화가 되면 좋은 거죠.

은진샘 그래서 전문 학습 공동체(전학공)가 정말 필요한데, 수업이 끝난 후에는 육아 때문에 일찍 퇴근하셔야 하거나 개인적인 사정으로 빠지기도 해서 모이는 시간을 확보하는 것이 정말 어려워요.

재흥샘 일과 중에 수업 성찰, 전학공 모임, 다모임을 다 해야 하니까 시간을 확보하는 일이 무척 어렵죠. 저는 전문적 학습 공동체를 매우 중요하게 생각하거든요. 교사들이 함께 연구하는 분위기를 만드는 건 굉장히 중요하다고 생각합니다. 전문적 학습 공동체라는 이름으로 교사가 배우고, 배운 것들을 서로 실천하고, 그 결과를 다시 돌아보고, 이야기하고. 그런 과정 이 학교에서 있으면 정말 좋겠습니다.

특히 동성중처럼 사립학교는 관계성의 중요성을 절대 포기할 수 없잖아요. 선생님들끼리 서로 이야기할 수 있다는 것은 신뢰나 동료성이 바탕이 돼야 하는 거잖아요. 이야기를 하다가 학교나 교육을 고민하면서 또 방법을 찾으면서 하는 대화잖아요. 그런 문화가 있으면 어려운 사안이 생기거나 새로운 도전을 할 때도 서로 행복하겠다는 경험과 확신이 이루어졌으면 좋겠어요. 혁신학교에서는 혁신학교에 주어진 무슨 무슨 과제를 하는 건 차후의 문제예요. 왜냐하면 과제는 학교마다 다 다를 수 있고 또 시기에 따라서 다를 수밖에 없잖아요.

은진샘   네, 올해는 우리 학교의 과제가 이거지만 또 내년에는 또 다른 게 우리 학교의 과제일 수 있잖아요.

재흥샘   가장 중요한 것은 선생님들하고 따뜻한 관계 속에서 같이 공부하고 이야기를 나누고 동료로서 그런 문화가 확실하게 자리 잡는 것입니다. 그렇게 해야 다른 도전 과제나 해결 해야 할 것들이 자연스럽게 이루어질 수 있다고 생각합니다. 제가 학교를 사립에서 공립으로 옮겼잖아요. 혁신학교에 가서 관리자 하면 교장의 권한은 많이 내려놓아야 한다고 이야기를 많이 하더라고요. 서로 이야기를 나누는 속에 동료로서 참여하고 또 어떤 문서나 무슨 지도 형태로 말하지 않더라도, 관리자가 가진 연륜이나 경험치, 내공에서 하는 말을 선생님들이 비판적으로만 보지 않았으면 해요. 관리자 또한 교직원들의 어려운 점을 먼저 알아보고 해결해드리거나 해결하도록 도와드려야겠죠. 관리자의 역할은 구성원들이 긍지와 보람을 가지고 자신의 능력을 충분히 발휘하고 역할을 다할 수 있도록 조건과 환경을 만들어드리는 것이죠. 그런 학교의 문화가 있으면 좋겠고, 바로 전문적 학습 공동체 안에서 싹이 텄으면 좋겠고, 그런 문화를 갖고 있는 학교가 혁신학교였으면 좋겠다, 그런 생각이 들더라고요.

은진샘   이제 마지막 질문입니다. 독서토론 모임 '산책'이 올해 100회 모임을 갖게 됩니다. 저희가 혁신학교 신청을 하기 전에 산책 모임에서 선생님들이 같은 책을 읽고, 생각을 공유한 것들이 혁신학교 운영에 도움이 되지 않았을까 하는 생각이 들어요.

재흥샘   정확하지는 않지만 대략 2011년 여름으로, 제가 교장자격연수를 받을 때로 기억합니다. 사토 마나부 교수의 『수업이 바뀌면 학교가 바뀐다』라는 책을 봤어요. 제가 서점에 나가면 교육 코너를 둘러보는데 그 책이 딱 잡히더라고요. 책을 읽었는데 참 좋았어요. 우리 학교 선생님들이 읽으면 어떻게 생각하실까 궁금해졌어요. 그래서 2012년으로 기억하는데 몇몇 선생님들께 그 책을 사서 드렸죠. 모든 구성원은 아니더라도 수업을 바꾸고 싶다는 뜻이 맞는 사람들끼리 좀 같이 읽었으면 좋겠다는 생각이 들었죠. 그리고 한현미 선생님이 중심이 되어 '산책'이라는 독서 모임을 시작을 하게 되었죠. 아마 2013년 일거에요.

은진샘 학교 내 전문적 학습 공동체가 활성화되기 전이네요.
재흥샘 네. 책을 읽고 나면 오는 희열, 그걸 공유하는 학교 문화와 분위기 그런 걸 개인적으로 참 좋아합니다. 당시에 저는 외부에서 독서 모임을 하고 있었거든요. 천안 시내에서 2008년부터 독서 모임에 참여하고 있었는데 교사가 아닌 일반 시민들과 하는 독서 모임이었어요. 독서 모임의 즐거움에 푹 빠져 있었죠. 이런 독서 모임이 우리 학교 안에도 있으면 참 좋겠다고는 생각을 많이 하고 있었죠.

은진샘 저희가 혁신학교 10년차 성장 기록물을 만들어야 한다는 내용을 알았을 때 업무라고 생각이 들어서 피로도가 높아졌어요. 그런데 마음을 바꿔서 누군가는 기록으로 남기는 일을 해야겠다는 생각이 들었습니다. 출판이라는 일이 어려운데, 그 일을 그래도 덜 힘들게 할 수 있는 사람이 있지 않을까라고 생각했어요. '산책'은 모임 후에 선생님들이 나눈 이야기를 매회 정리해두었기든요. 그걸 그대로 두기가 너무 아깝다는 생각이 드는데, 어떻게 책으로 정리할 수 있을지는 고민 해야겠어요. 저희는 사립학교라서 기록들이 남아 있는데, 다른 공립학교들은 인사이동도 잦고, 성장 기록물 관련 일이 어렵겠구나 하는 생각이 들긴 했어요.

재흥샘　어려운 일인데 또 누군가는 맡아서 해야 할 일이죠. 기록은 공동체가 돌아보고 나아가도록 이어주는 유일한 실마리죠. 기쁜 마음으로 응원합니다.

은진샘　네, 긴 시간 이야기 들려주셔서 감사합니다.

이상으로 인터뷰를 마쳤습니다.
유재흥 선생님은 퇴임하시면 몸과 마음을 튼튼하게 하는 일, 꾸준히 학습하는 일, 지역사회에 봉사하는 일에 집중하실 거라는 말씀을 하셨습니다. 아직 근무를 더 해야 하는 입장에서는 솔직히 부러운 마음이 더 컸습니다. 혁신학교가 자리를 잡는 데 선생님께서 흘린 땀방울이 많습니다. 잠시 휴식기를 보내신 후에는 다른 곳에서 선생님의 역량을 발휘해주실 거라고 믿으며 아쉬운 마음을 접었습니다.

학생 자치

▼

강문주 천안동성중학교 학생

학생회 임원이 되면서 기대 반, 설렘 반 학생회 일을 하게 되었습니다. 모든 것이 어색한 상태에서 학생회 선배님들과 만남은 부담도 크고 두려웠지만, 의견을 존중해주고 배려해주는 마음이 느껴져 회의는 항상 즐거웠습니다. 이 자리에 함께 있는 사실만으로도 자부심을 갖게 되었고, 학생회 임원으로서 책임감과 자신감, 열정을 갖게 되었습니다. 꾸준히 학생회 활동을 하면서 리더십도 쌓고 여러모로 발전하고 싶었습니다.

제가 생각하는 학급 임원의 역할은 선생님과 반 친구들

사이에서 든든한 디리 역할을 하고, 반 친구들이 서로를 존중할 수 있는 반 분위기를 만드는 것입니다. 또한 리더십을 갖고 반 친구들을 좋은 방향으로 이끌어 나가면서 모범이 되어야 한다고 생각했습니다.

공약으로 처음 실시한 교과교실제에 대한 친구들의 편리함을 돕겠다는 공약과 서클 회의 때 의견이 더욱 많이 모이도록 서클 회의 의견함을 만든다는 공약을 내세웠습니다.

교과교실제에 대해서는 항상 단체 카톡 방에 시간표를 올려 과목의 반 호수를 확인시켜 주었습니다. 그렇지만 단체 카톡을 잘 보지 않는 친구들도 있어서 전 시간에 다음 수업은 어떤 수업인지, 반 호수가 몇 호인지를 알려주었습니다. 항상 시간표와 반 호수를 외우며 학교생활을 했습니다.

단체 카톡 방에는 수행평가와 숙제 공지도 올렸습니다. 모두가 조금이라도 수행평가를 잘 챙길 수 있었던 것 같아서 뿌듯했습니다. 그리고 교과 선생님이 학생들에게 전달하고 싶으신 내용들을 대신 전달했습니다.

서클 회의 의견함도 만들었습니다. 결과는 조금 처참했습니다. 그 통은 결국 한 번도 쓰인 적이 없었습니다. 그래서 몇 번은 친구들을 위해 간식 통으로 쓰인 적도 있습니다. 다행히도 서클 회의 때 친구들의 의견은 많이 모였습니다. 학생들을 생각해서 낸 아이디어가 도움이 되지 않아서 속상하기도 했지만, 더 좋은 방향으로 갈 수 있도록 친구들의 의견을 더 적극적으로 들어야겠고 친구들과 소통하는 시간을 늘려야겠다는 깨달음을 얻었습니다.

또한 저는 생활인성부라는 학생회 부원이었습니다. 맡은 역할을 성실하게 하기 위해 빠지지 않고 참석했습니다. 리더십 캠프에서는 공동체의 일원으로 함께 협동심을 기를 수 있었습니다.

학생회 임원을 하면서 종종 힘들고 어려웠던 일도 있었습니다. 그럼에도 리더의 역할을 하니 리더십이 더 생겼고, 저도 시나브로 성장할 수 있었습니다. 앞으로 친구들을 동기 부여하며 더욱더 잘 이끌어 나갈 수 있을 것 같습니다.

노력과 경험, 보람, 깨달음이 바탕이 되어 회장이 되었습니다. 앞으로는 더욱 많은 일을 하게 될 것이고 여러모로 완벽한 회장이 되고 싶으며 좋은 학교를 만들고 싶습니다. 든든한 회장이 될 것입니다.

혁신학교 수업

▼

김서현 천안동성중학교 학생

2년 동안 한 반의 반장이나 부반장이자 한 학생으로서 학교에서 진행한 수업 방식 중에 효과가 있고, 특히 필요하다고 생각했던 것은 대학교처럼 이동 수업을 하는 것과 교과 융합 수업이었습니다.

이동 수업으로 학교 안에서 반이 다른 친한 친구나 그 친구의 새로운 친구들과 자주 만날 기회가 생겼습니다. 이를 통해 더 빨리 친해질 수 있었습니다. 또한 고등학교나 대학교에서 진행되는 수업 방식을 미리 경험해보면서 나 자신을 챙기는 법을 더 잘 알 수 있었습니다. 예를 들어, 이동 수업에서는 시간을 잘 관리해야 하고, 스스로의 학습에 책임감을 가지는 것이 중요했습니다. 이러한 경험을 통해 대학교 생활에 더욱 잘 적응할 수 있다는 자신감이 생겼습니다.

교과 융합 수업은 다양한 과목을 한 번에 배우는 효과가 있어서 심화 과정 수업을 듣는 것과 비슷한 느낌이었습니다. 교과 융합 수업을 위해서는 그 과목들을 자세히 알아야 했고, 서로 다른 분야의 지식을 융합시키는 능력을 키우는 데 도움이 되었습니다. 이를 통해 저는 다양한 분야의 관점을 통합적으로 생각하고 문제를 해결하는 능력을 향상시킬 수 있었습니다.

또한 이러한 교과 융합 수업은 진로와 연계해서도 큰 도움이 되었습니다. 다양한 분야의 과목을 접하면서 어떤 직업이나 전공에 관심이 있는지를 발견할 수 있었습니다. 예를 들어, 국어와 진로를 융합시킨 수업을 하면서 제가 국어에 흥미가 있다는 점과 생물과 이공계 계열 모두에 관심이 있음을 알게 되었습니다. 그리고 다음에 어떤 분야의 진로를 선택할지 정보를 얻을 수 있었습니다.

대학교처럼 이동 수업을 하고 교과 융합 수업을 진행하

는 것은 친구들과 더 친해지고 저 스스로를 챙기는 법을 배우는 데 도움이 되었습니다. 또한 진로를 찾고 문제 해결 능력을 기르는 데에도 큰 도움을 주었습니다. 학교에서 이러한 수업들을 하면서 다양한 경험과 역량을 갖출 수 있었습니다.

동아리
활동

▼

박정환 천안동성중학교 학생

제가 처음 학교에 입학하고 지금까지 학교생활을 해오면서
전 우리 학교의 동아리가 여러 분야로 많다고 생각했습니다.
또한 거의 모든 학생이 동아리를 하나 이상 가지고 있을 정도
로 학생들이 열심히 참여했습니다. 저는 1학년 때 그중 방송
부와 수학동아리 이수케이프에 들어갔고, 2학년 때는 방송부
에서 기장을 맡았습니다.

　수학동아리 이수케이프에서는 부원들과 함께 방탈출
게임을 콘셉트로 수학 문제를 제작하고 서로 풀어보기도 했

습니다. 그리고 충남 수학 탐구 나눔 한마당 방탈출 설계 부문에 참여해, 충남과학교육원에서 학생들을 대상으로 방탈출 부스도 운영했습니다. 충남 창의 수학 탐구대회에서는 대상 (공동작)을 수상했습니다.

이 경험을 바탕으로 학교 축제에서 탈출 부스를 운영했습니다. 또 3월 14일에는 원주율인 파이를 알리려고 3.14초 맞추기, 3.14미터 신발 던지기 등 파이와 관련된 여러 행사도 진행하며, 학생들이 수학에 관심을 갖게 하려고 했습니다. 이를 행사를 하면서 저는 수학에 대한 관심이 더 생겼습니다.

방송부에서는 1학년 때는 방송부원, 2학년 때는 방송부 기장으로 활동하면서 여러 가지를 경험했습니다. 먼저 동아리를 운영하면서 창의적인 아이디어를 부원들과 나누고 구체적으로 만드는 경험을 했습니다. 또한 다양한 이벤트나 프로그램을 진행하면서 인원 배치, 촬영 구도, 동영상 편집, 콘셉트 결정 등 여러 주제로 대화하고 타협하다 보니 소통 능력도 늘었습니다.

또한 동아리를 이끌어 나가는 여러 가지 방법들을 고민하면서 저와 부원들은 창의성을 발휘할 수 있었습니다. 동아리 활동은 부원들과 함께 힘을 모아야 할 때가 많습니다. 방송부에서 하는 활동은 특히 팀워크를 배우는 데 도움이 되었습니다. 서로가 잘하는 점을 살려 학교 축제, 졸업식 등 여러 행사를 계획하고 진행하면서 부원들과 유대감을 높일 수 있었습니다. 물론 조금 의견 차이가 나기도 했지만 그 또한 서로 의견을 타협하고 설득하면서 부원들과 팀워크를 다질 수 있었습니다.

방송부에서는 특히 기술적인 능력도 기를 수 있었습니다. 방송부는 촬영부, 편집부, 아나운서부, 기술부로 나누어져 있는데, 각자의 방송 장비를 배우고 직접 조작해보면서 기술적인 능력을 키웠습니다. 그리고 타종용 앰프를 조작하며 방송 장비의 소프트웨어를 활용해보면서 실무 능력도 키울 수 있었습니다. 방송부에서 주관하는 축제, 라이브 행사 등을 진행하면서 마이크에서 소리가 나오지 않거나 조명이 행사 도중 고장 났을 때, 학교에 중요한 영향을 미치는 타종 프로그램에 오류가 발생했을 때, 문제를 찾아 해결하는 등 여러 돌발 상황에 대처하는 능력도 기를 수 있었습니다.

물론 힘든 점도 있었습니다. 축제 같은 행사 리허설을 진행하며 밤늦게까지 남아 여러 장비를 점검하고, 공연마다 특징과 유의 사항을 메모하며 완벽한 공연을 위해 준비했습니다. 또한 방송 프로그램에 오류가 생길 때마다 방송실로 가서 오류를 해결하고, 현장 체험 학습, 축제 등의 촬영본을 방과 후에도 남아서 편집하는 등 방송부원 모두가 최선을 다했습니다. 적은 인원이 일하는 것보다는 나았지만 많은 체력과 두뇌 활동이 필요했습니다.

그러나 동아리 활동에서 기획하고 진행한 학교 행사나 타종 같은 작은 일도 우리 학교 학생들에게 재미와 즐거움, 편리함을 줄 때 그 성취감은 더욱 컸던 것 같습니다. 학생들의 웃음과 좋은 추억이 만들어지는 것을 보며, 저와 부원들의 노력이 학교와 학생들에게 긍정적인 반응을 일으키고 새로운 아이디어가 현실이 되는 순간 성취감이 매우 컸습니다. 지금까지 한 노력과 고생에 물질적인 보상보다 큰 보람을 선물로 받았습니다.

이처럼 동아리에서 했던 활동은 매우 유익하고 의미 있는 경험이었습니다. 더 나은 동아리 활동을 위해 학교의 적극적인 지원을 기대하며, 앞으로도 동아리에서 계속 발전해 나가고 싶습니다. 감사합니다.

혁신학교,
10년을 기록하다

ⓒ 천안동성중학교

초판 1쇄 2024년 9월 25일 찍음
초판 1쇄 2024년 10월 10일 펴냄

지은이 | 천안동성중학교
펴낸이 | 강준우

인쇄 · 제본 | (주)프린팅허브

펴낸곳 | 인물과사상사
출판등록 | 제17-204호 1998년 3월 11일

주소 | (04037) 서울시 마포구 양화로7길 6-16 서교제일빌딩 3층
전화 | 02-325-6364
팩스 | 02-474-1413

www.inmul.co.kr | insa@inmul.co.kr

ISBN 978-89-5906-773-2 03370
값 17,000원